BOŽJA MOĆ

*"Od vekomaj se ni slišalo,
da bi kdo od rojstva slepemu odprl oči.
Če ta ne bi bil od Boga,
ne bi mogel ničesar storiti."
(Janez 9:32-33).*

BOŽJA MOČ

Dr. Jaerock Lee

Božja moč, avtorja dr. Jaerocka Leeja
Izdala založba Urim Books (Zastopnik: Johnny. H. Kim)
235-3, Guro-dong 3, Guro-gu, Seul, Koreja
www.urimbooks.com

Avtorske pravice pridržane. Te knjige oz. njenih delov ni dovoljeno kopirati, reproducirati, shranjevati v podatkovnih sistemih, ali prenašati v kakršni koli obliki ali sredstvu brez predhodnega pisnega dovoljenja založnika.

Če ni navedeno drugače, so vsi svetopisemski navedki vzeti iz Svetega pisma, AMERIŠKI STANDARDNI PREVOD, ®, Avtorske pravice © 1960, 1962, 1963, 1968, 1971, 1972, 1973, 1975, 1977, 1995 pripadajo fundaciji Lockman. Uporabljeno z dovoljenjem.

Avtorske pravice © 2015, Dr. Jaerock Lee
ISBN: 979-11263-1197-2 03230
Avtorske pravice prevoda © 2005, dr. Esther K. Chung. Uporabljeno z dovoljenjem.

Prva izdaja: September 2005
Druga izdaja: Avgust 2009
Tretja izdaja: Marec 2015

Predhodno izdano v korejskem jeziku leta 2004 s strani založbe Urim Books

Uredila dr. Geumsun Vin
Oblikovala uredniška pisarna Urim Books
Za več informacij se obrnite na urimbook@hotmail.com

Predgovor

Molim, da bi po moči Boga Stvarnika in evangelija Jezusa Kristusa vsi ljudje izkusili ognjeno delovanje Svetega Duha...

Vse zahvale namenjam Očetu Bogu, ki nas je blagoslovil, da smo lahko izdali to delo, ki zajema vsa sporočila iz enajstega dvotedenskega obnovitvenega srečanja, ki je potekalo maja 2003 pod naslovom "Moč" in kjer so številna pričevanja močno proslavila Boga.

Od leta 1993, kmalu po deseti obletnici ustanovitve, je preko vsakoletnega dvotedenskega obnovitvenega srečanja Bog začel vzgajati člane Centralne cerkve Manmin, da bi le-ti pridobili resnično vero in postali duhovni ljudje.

Na obnovitvenem srečanju leta 1999 pod naslovom "Bog je ljubezen," je Bog omogočil preizkušnje za blagoslove, da bi člani cerkve Manmin dojeli pomembnost resničnega evangelija, izpolnjevali postavo z ljubeznijo, ter posnemali Gospoda, ki je manifestiral čudovito moč.

Da bi vsi ljudje sveta doživeli moč Boga Stvarnika, evangelij Jezusa Kristusa in ognjena dela Svetega Duha, nas je leta 2000, na pragu novega tisočletja, Bog blagoslovil, da smo lahko v živo prenašali obnovitvena srečanja preko interneta in satelita Mugunghwa. Leta 2003 so na obnovitvenem srečanju sodelovali verniki iz okrog 300 cerkva znotraj Koreje in petnajstih drugih držav.

Knjiga Božja moč poskuša uvesti postopek, v katerem posameznik sreča Boga in prejme Njegovo moč - različne stopnje moči, ki vključujejo tudi najvišjo moč stvarjenja, ki prestopa mejo dovoljenega za človeka - ter dostop do krajev, kjer se lahko manifestira ta Njegova moč.

Moč Boga Stvarnika se izliva nad posameznika v tolikšni meri, kot je ta posameznik podoben Bogu, ki je luč. Povrh tega, ko človek postane eno v duhu z Bogom, takrat lahko manifestira tolikšno moč, kakršno je kazal Jezus. V Janezu 15:7 namreč naš Gospod pravi: "Če ostanete v Meni in Moje besede ostanejo v vas, prosíte, kar koli hočete, in se vam bo zgodilo."

Sam sem osebno doživel veselje in srečo, ko sem bil po sedmih letih trpljenja rešen vseh bolezni in agonije, da bi lahko postal služabnik moči, ki odseva veliko podobnost Gospodu. Ko sem bil poklican za Gospodovega služabnika, sem večkrat molil in se postil tudi po več dni. V Marku 9:23 nam Jezus pravi: "'Če moreš' Vse je mogoče tistemu, ki veruje." Tudi sam sem veroval in molil, saj sem se trdno oklepal Jezusove obljube: "Kdor veruje Vame, bo dela, ki jih Jaz opravljam, tudi sam opravljal, in še večja kot ta bo opravljal, ker grem Jaz k Očetu" (Janez 14:12). Posledično nam je Bog preko vsakoletnih obnovitvenih srečanj razodel veličastna znamenja in čudeže ter nas blagoslovil s številnimi ozdravljenji in uslišanji. V drugem tednu obnovitvenega srečanja leta 2003 je Bog osredotočil Svojo moč na tiste, ki so bili slepi, hromi, gluhi in nemi.

Čeprav je medicinska znanost napredovala in še naprej napreduje, je praktično nemogoče ozdraviti ljudi, ki so izgubili vid ali sluh. A vsemogočni Bog je manifestiral Svojo moč in vselej, ko sem molil s prižnice, je delovanje moči stvarjenja obnovilo mrtvo živčevje in celice in ljudem se je povrnil vid, sluh in govor. Poleg tega so se ljudem zravnale ukrivljene hrbtenice, odvrgli so svoje bergle, palice in vozičke. Vstali so, skočili v zrak in začeli hoditi.

Čudežno delovanje Boga prav tako presega omejitve časa in prostora. Ljudje, ki so se udeležili obnovitvenih srečanj preko satelita oz. interneta, so prav tako izkusili Božjo moč, in še danes redno prejemamo njihova pričevanja.

Prav iz tega razloga so bila sporočila iz obnovitvenega srečanja leta 2003 — kjer so bili številni ljudje, prerojeni z besedo resnice, prejeli novo življenje, odrešenje, odgovore in ozdravljenja, ter tako izkusili Božjo moč in močno proslavili Boga — povzeta in objavljena v enem samem delu.

Posebno zahvalo namenjam Geumsun Vin, direktorici uredniške pisarne, njenemu osebju ter prevajalski agenciji, ki so skupaj omogočili izdajo tega mojega dela.

Naj vsakdo od vas doživi moč Boga Stvarnika, evangelij Jezusa Kristusa in ognjeno delovanje Svetega Duha, in naj veselje in sreča preplavita vaše življenje - za vse to molim v imenu našega Gospoda!

Jaerock Lee

Uvod

Obvezno branje, ki služi kot osnovno vodilo, po katerem lahko posameznik pridobi resnično vero in izkusi mogočno moč Boga

Vse zahvale namenjam Očetu Bogu, ki nas je blagoslovil, da smo lahko izdali to delo, ki zajema vsa sporočila iz enajstega dvotedenskega obnovitvenega srečanja, ki je potekalo maja 2003 v navzočnosti velike in čudovite Božje moči.

Knjiga Božja moč vas bo preplavila z milostjo in ganljivostjo, saj zajema devet sporočil iz obnovitvenih srečanj, ki so potekala pod naslovom "Moč," kot tudi pričevanja številnih posameznikov, ki so neposredno doživeli moč živega Boga in evangelij Jezusa Kristusa.

Prvo sporočilo z naslovom "Vera v Boga" opisuje, kaj pomeni verovati v Boga ter kako lahko srečamo in doživimo Boga.

V drugem sporočilu, "Vera v Gospoda", je govora o pomenu Jezusovega drugega prihoda na zemljo, zakaj je samo Jezus nas

Odrešenik, ter zakaj prejmemo odrešenje in odgovore, kadar verujemo v Gospoda Jezusa.

Sporočilo številka tri, "Posoda, lepša od dragulja", obravnava podrobnosti, kako postati dragocena, plemenita in čudovita posoda v Božjih očeh, kot tudi blagoslove, ki jih je takšna posoda deležna.

Četrto sporočilo, "Luč", opisuje duhovno svetlobo, kaj moramo storiti, da bi lahko srečali Boga, ki je luč, ter blagoslove, ki jih prejmemo, ko hodimo v luči.

Peto sporočilo, "Moč luči", poglablja štiri različne nivoje Božje moči, ki jih manifestirajo ljudje preko raznolikih barv svetlobe, kot tudi resnična pričevanja o ozdravljenjih, ki so se zvrstila na posameznih nivojih te moči. Podrobno boste spoznali tudi najvišjo moč stvarjenja, neomejeno moč Boga in načine, kako lahko prejmemo moč luči.

Na podlagi spoznanja, kako je sleporojeni moški pridobil vid ob srečanju z Jezusom, ter pričevanj številnih ljudi, ki so prejeli vid in bili ozdravljeni slabovidnosti, vam bo šesto sporočilo, "Oči slepih se bodo odprle", pomagalo s prve roke začutiti moč Boga Stvarnika.

Sedmo sporočilo, "Ljudje bodo vstali, skočili v zrak in začeli hoditi", pozorno preučuje zgodbo o paraliziranem moškem, ki ga prijatelji pripeljejo pred Jezusa ter naposled vstane in prične hoditi. To sporočilo bralcem pojasnjuje, kakšna dela vere morajo predstaviti pred Bogom, da bi danes izkusili tovrstno moč.

Osmo sporočilo, "Ljudje se bodo veselili, plesali in prepevali", poglablja zgodbo gluhonemega človeka, ki prejme ozdravljenje ob srečanju z Jezusom, ter opisuje načine, kako lahko tudi mi danes doživimo tovrstno moč.

In zadnje, deveto sporočilo z naslovom "Neizčrpna Božja previdnost", zelo jasno pojasnjuje prerokbe o poslednjih dneh in Božji načrt za Centralno cerkev Manmin. Gre za razodetja od Boga Samega, ki so nam bila razodeta v obdobju dobrih dvajsetih let od ustanovitve Manmina.

V imenu Gospoda Jezusa Kristusa molim, da bi skozi to delo številni ljudje pridobili resnično vero, ves čas doživljali moč Boga Stvarnika, ter bili izkoriščeni kot posode Svetega Duha za dosego Njegove previdnosti.

Geumsun Vin
Direktorica uredniške pisarne

Vsebina

1. sporočilo

Vera v Boga (Hebrejcem 11:3) · 1

2. sporočilo

Vera v Gospoda (Hebrejcem 12:1-2) · 25

3. sporočilo

Posoda, lepša od dragulja

(2 Timoteju 2:20-21) · 47

4. sporočilo

Luč (1 Janez 1:5) · 67

5. sporočilo

Moč luči (1 Janez 1:5) · 85

6. sporočilo
Oči slepih se bodo odprle (Janez 9:32-33) · 117

7. sporočilo
Ljudje bodo vstali, skočili v zrak in začeli hoditi
(Marko 2:3-12) · 135

8. sporočilo
Ljudje se bodo veselili, plesali in prepevali
(Marko 7:31-37) · 157

9. sporočilo
Neizčrpna Božja previdnost (Devteronomij 26:16-19) · 179

1. sporočilo
Vera v Boga

Hebrejcem 11:3

*Po veri spoznavamo,
da so bili svetovi urejeni z Božjo besedo,
tako da je to, kar se vidi, nastalo iz tega,
kar se ne kaže.*

Od prvega dvotedenskega obnovitvenega srečanja, maja 1993, so do danes številni ljudje iz prve roke doživeli čedalje večjo moč in delovanje Boga, pri čemer so bile ozdravljene bolezni, ki jih sodobna medicina ni sposobna ozdraviti, in rešene so bile težave, proti katerim znanost nima odgovora. V zadnjih sedemnajstih letih, kakor piše v Marku 16:20, je Bog potrjeval Svojo besedo z znamenji.

Skozi globoka sporočila o veri, pravičnosti, mesu in duhu, dobroti in luči, ter ljubezni je Bog popeljal številne člane Manmina v globlji duhovni svet. Povrh tega je nam Bog na slehernem obnovitvenem srečanju razodel Svojo moč, zaradi česar so ta naša srečanja pridobila svetovno priznanje.

V Marku 9:23 nam Jezus pravi: "'Če moreš' Vse je mogoče tistemu, ki veruje." Če potemtakem posedujemo resnično vero, za nas ni nič nemogoče in bomo dosegli vse, kar smo si zastavili.

V kaj moramo potem verovati in kako moramo verovati? Če namreč ne poznamo in ne verujemo v Boga na pravilen način, ne bomo doživeli Njegove moči in naše molitve ne bodo uslišane. Prav zato je pravilno razumevanje in verovanje tako zelo pomembno.

Kdo je Bog?

Prvič - Bog je avtor šestinšestdesetih knjig Svetega pisma. 2 Timoteju 3:16 nas opominja, da je "vse Pismo navdihnjeno od Boga." Sveto pismo sestavlja šestinšestdeset knjig, ki naj bi jih napisalo 34 mož v obdobju 1.600 let. Pa vendar je pri knjigah Svetega pisma najbolj neverjetno to, da so navkljub dejstvu, da so bile knjige napisane s strani različnih posameznikov skozi stoletja, knjige od začetka do konca popolnoma usklajene in se med seboj ujemajo. Povedano drugače, Sveto pismo je Božja beseda, zapisana v navdihu ljudi iz različnih obdobij zgodovine, ki so bili v Božjih očeh primerni za to nalogo, in skozi Sveto pismo se Bog razodeva. Zato tudi tisti, ki verujejo v Sveto pismo kot Božjo besedo in jo izpolnjujejo, prejemajo blagoslove in milost, kakor je Bog obljubil.

Drugič - Bog je "Jaz sem, ki Sem" (Eksodus 3:14). Za razliko od malikov, ki so ustvarjeni po človeški domišljiji oz. oblikovani s človeško roko, je naš Bog resnični Bog, ki je obstajal že pred večnostjo. Boga lahko opišemo tudi kot ljubezen (1 Janez 4:16), luč (1 Janez 1:5), in sodnika vsega ob koncu časa.

Še najbolj pa si moramo zapomniti, da je Bog s Svojo osupljivo močjo ustvaril vse reči v nebesih in na zemlji. Bog je vsemogočni Bog, ki vse od trenutka stvarjenja neomajno manifestira Svojo veličastno moč.

Stvarnik vseh reči

Geneza 1:1 nas uči: "V začetku je Bog ustvaril nebo in zemljo." In v Pismu Hebrejcem 11:3 piše: "Po veri spoznavamo, da so bili svetovi urejeni z Božjo besedo, tako da je to, kar se vidi, nastalo iz tega, kar se ne kaže."

V stanju praznosti ob začetku časa je bilo po Božji moči ustvarjeno vse v vesolju. S Svojo močjo je Bog ustvaril sonce in luno in nebo, rastline in drevesa, ptice in živali, ribe v morju ter človeštvo.

Navkljub temu dejstvu pa številni ljudje ne znajo verovati v Boga Stvarnika, saj je koncept stvarjenja preprosto preveč nasprotujoč njihovemu prepričanju in izkušnjam, ki so jih pridobili na tem svetu. Po prepričanju takšnih ljudi je denimo nemogoče, da bi bile vse reči v vesolju ustvarjene na Božjo zapoved iz ničevosti.

Tako se je rodila teorija o evoluciji. Privrženci teorije o evoluciji menijo, da je živ organizem nastal po naključju, se razvijal sam po sebi in razmnoževal. Ko ljudje zanikajo Božje stvarjenje vesolja s tovrstnim prepričanjem, takrat tudi ne morejo verjeti v preostali del Svetega pisma. Tako ne morejo verjeti v obstoj nebes in pekla, ker še nikoli niso obiskali teh krajev, in prav tako ne morejo razglašati Sina Božjega, ki je bil rojen kot človek, nakar je umrl, vstal od mrtvih in se povzpel v nebesa.

Vendar z napredkom znanosti postaja zmota o evoluciji čedalje bolj jasna, medtem ko stvarjenje pridobiva na legitimnosti. In četudi ne predložimo seznama z znanstvenimi dokazi, obstaja nešteto primerov, ki potrjujejo stvarjenje.

Dokazi, ki nam pomagajo verovati v Boga Stvarnika

Naj vam predstavim primer. Svet sestavlja več kot dvesto držav in še več različnih etničnih skupin. Pa vendar, naj bodo ljudje bele, temne ali rumene polti, ima prav vsak dvoje oči. Vsak ima po dve ušes, en nos in dve nosnici. In ta vzorec ne velja le za ljudi, temveč tudi živali na zemlji, ptice na nebu in ribe v morju. Ker je slonji trobec tako zelo velik in dolg, to še ne pomeni, da ima več kot dve nosnici. Vsak človek, žival, ptica in riba ima ena usta, in lega ust je pri vseh povsem enaka. Sicer obstajajo manjša odstopanja, ko govorimo o legi posameznih organov med različnimi živalskimi vrstami, a načeloma je zgradba in lega organov praktično enaka.

Le kako bi lahko do tega prišlo "po naključju"? Prav to je eden od trdnih dokazov, da je en Stvarnik oblikoval in ustvaril ljudi, živali, ptice in ribe. Če bi bilo večje število stvarnikov, bi se podoba in zgradba živih bitij razlikovala do te mere, kolikšno bi bilo število in preference stvarnikov. A ker je naš Bog edini Stvarnik, so bila vsa živa bitja oblikovana po enakem modelu.

Poleg tega lahko najdemo še veliko drugih dokazov v naravi in vesolju, ki pričajo o tem, da je Bog ustvaril vse reči. Kot nas uči Pismo Rimljanom 1:20: "Kajti od stvarjenja sveta naprej je mogoče to, kar je v njem nevidno, z umom zreti po ustvarjenih bitjih: Njegovo večno mogočnost in božanskost. Zato so ti ljudje neopravičljivi." Bog je oblikoval in ustvaril vse reči v vesolju, zato resnice Njegovega obstoja ne gre zanikati niti ovreči.

V Habakuku 2:18-19 nam Bog pravi: "Kaj pomaga podoba, če jo upodobi kipar, odlitek, ki uči laži, če kipar zaupa lastnemu kipu, da izdeluje neme malike? Gorje mu, kdor pravi lesu: 'Zbudi se!' in nememu kamnu: 'Vstani!' Mar te bo učil? Glej, prevlečen je z zlatom in s srebrom, a nobenega diha ni v njem." Če je kdorkoli od vas služil oz. veroval v malike, ne da bi poznal Boga, se morate temeljito pokesati za svoje grehe, tako da pretrgate svoje srce.

Svetopisemski dokazi, ki nam pomagajo verovati v Boga Stvarnika

Na svetu je še vedno veliko ljudi, ki ne morejo verovati v Boga navkljub neskončnim dokazom, ki jih obkrožajo v njihovem vsakdanu. Ravno zato nam je Bog skozi Svojo moč razodel še toliko bolj očitne in nesporne dokaze o Njegovem obstoju. S čudeži, ki jih človek ni zmožen doseči, je Bog omogočil človeku verovati v Njegov obstoj in mogočno delovanje.

V Svetem pismu najdemo veliko zanimivih primerov manifestacije Božje moči. Rdeče morje je bilo razdeljeno, sonce se je ustavilo, in z neba je padel ogenj. Grenka voda iz Mare se je spremenila v pitno vodo, in kremen se je spremenil v studenec vode. Mrtvi so oživeli, bolezni so bile ozdravljene, in brezizhodne bitke so bile dobljene.

Ko ljudje verujejo v vsemogočnega Boga in Ga prosijo, lahko

doživijo to nepredstavljivo delovanje Njegove moči. Prav zato je Bog v Svetem pismu navedel številne primere, v katerih je prišlo do manifestacije Njegove moči, kar nam pomaga verovati.

A vendar delovanje Njegove moči ne obstaja zgolj v Svetem pismu. Bog je namreč nespremenljiv, zato preko številnih znamenj, čudežev in delovanja Njegove moči še danes manifestira Svojo moč skozi resnične vernike na vseh koncih sveta, kot nam je tudi obljubil. V Marku 9:23 nam Jezus zagotavlja: "'Če moreš?' Vse je mogoče tistemu, ki veruje." V Marku 16:17-18 nas naš Gospod opominja: "Tiste pa, ki bodo sprejeli vero, bodo spremljala ta znamenja: v Mojem imenu bodo izganjali demone, govorili nove jezike, z rokami dvigali kače, in če bodo kaj strupenega izpili, jim ne bo škodovalo. Na bolnike bodo polagali roke in ti bodo ozdraveli."

Izlivi Božje moči v Centralni cerkvi Manmin at Manmin Central Church

*"Kako hvaležna sem bila,
ko Si rešil moje življenje...
Mislila sem, da bom vse življenje
odvisna od bergel...*

*A zdaj lahko hodim...
Oče, Oče, hvala Ti!"*

Diakonica Johanna Park,
ki naj bi bila trajno invalidna,
odvrže bergle in začne hoditi
po prejeti molitvi

Centralna cerkev Manmin, v kateri delujem kot višji pastor, je znova in znova razodevala moč Boga Stvarnika, medtem ko smo si ves čas prizadevali širiti evangelij na vse konce sveta. Od ustanovitve leta 1982 je cerkev Manmin do danes povedla številne ljudi na pot odrešenja s pomočjo moči Boga Stvarnika. Še najbolj opazno delovanje Njegove moči pa seveda zajema zdravljenje bolezni in slabosti. Ozdravljenih je bilo ogromno ljudi z "neozdravljivimi" boleznimi, vključno z rakom, tuberkulozo, ohromelostjo, cerebralno paralizo, hernijo, artritisom, levkemijo in drugimi boleznimi. Izgnani so bili demoni, hromi so vstali ter začeli hoditi in teči, in ozdraveli so ljudje, ki so bili paralizirani zaradi različnih nesreč. Ljudje so bili nemudoma po molitvi ozdravljeni hudih opeklin, brez da bi utrpeli grozne brazgotine. Drugi, katerih telesa so odrevenela oziroma so izgubili zavest zaradi možganske krvavitve ali zastrupitve s plinom, so bili obujeni in so si nemudoma opomogli. Spet drugi, ki so prenehali dihati, so se po molitvi vrnili v življenje.

Številni drugi, ki tudi po petih, sedmih, desetih ali celo

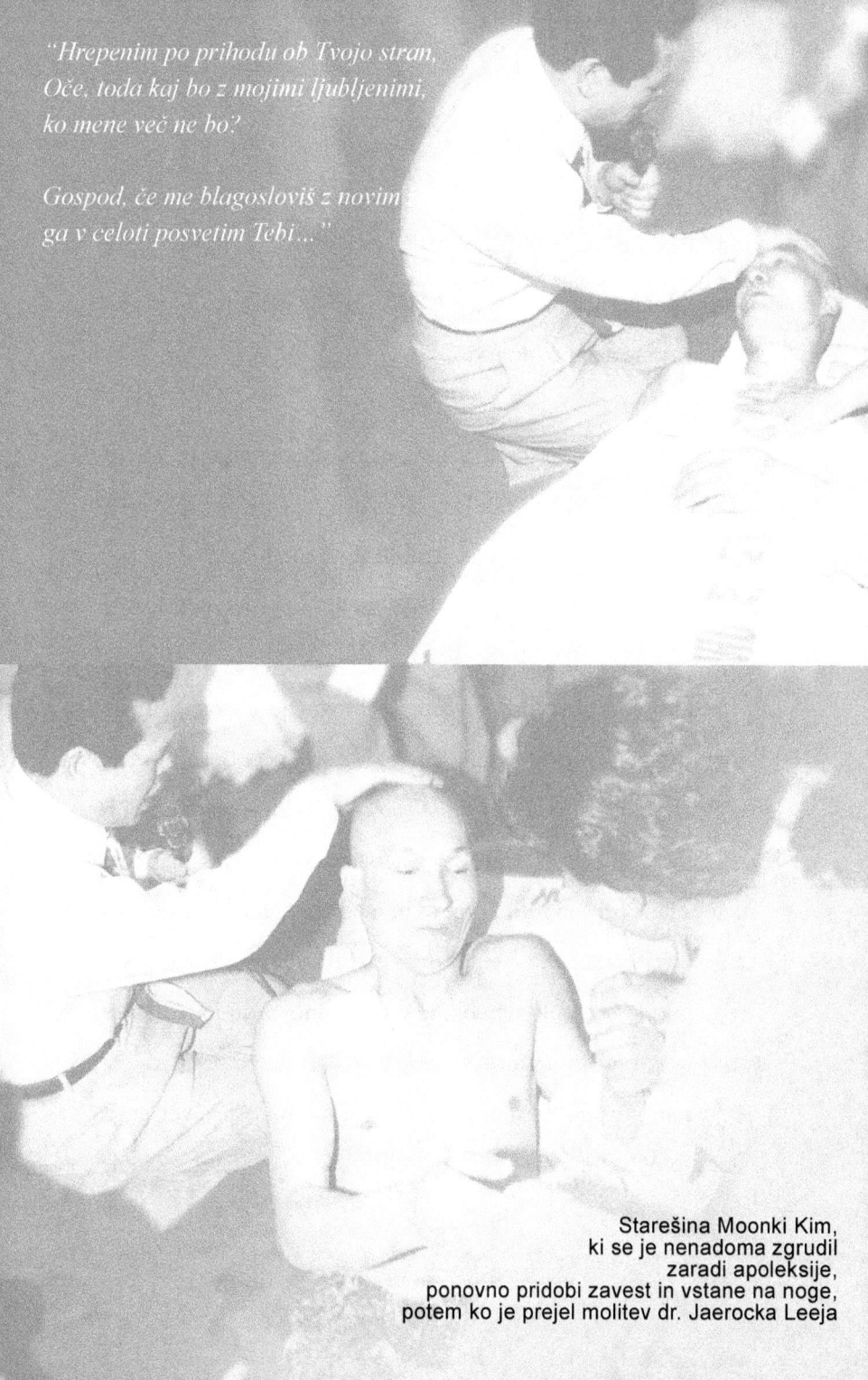

"Hrepenim po prihodu ob Tvojo stran, Oče, toda kaj bo z mojimi ljubljenimi, ko mene več ne bo?

Gospod, če me blagosloviš z novim ga v celoti posvetim Tebi..."

Starešina Moonki Kim, ki se je nenadoma zgrudil zaradi apoleksije, ponovno pridobi zavest in vstane na noge, potem ko je prejel molitev dr. Jaerocka Leeja dvajsetih letih zakona niso uspeli roditi svojih otrok, so po molitvi prejeli blagoslov zanositve. Ogromno posameznikov z okvaro sluha, vida ali govora je močno proslavilo Boga, potem ko so bili ozdravljeni po molitvi.

Čeprav znanost in medicina dosegata velike preskoke leto za letom, stoletje za stoletjem, mrtvi živci ne morejo biti ozdravljeni, kot tudi ne prirojena slepota ali gluhost. Po drugi strani pa je Bog zmožen prav vsega, saj je sposoben ustvarjati iz nič.

Tudi osebno sem doživel moč vsemogočnega Boga. Polnih sedem let sem trpel na pragu smrti, ko sem srečal Boga in začel verovati Vanj. Bolezni so pestile vso moje telo, z izjemo mojih oči, zato so mi dali vzdevek "veleblagovnica bolezni". Zaman sem iskal pomoč pri vzhodni in zahodni medicini, preizkusil zdravila za gobavce, različne vrste zelišč, žolčnike medvedov in psov, strige in celo tekočino iztrebkov. V neznosnih sedmih letih sem storil prav vse, a vendar nisem ozdravel. Toda na pomlad leta 1974 sem v popolnem obupu doživel naravnost neverjetno izkušnjo. V trenutku, ko sem srečal Boga, je Ta ozdravel vse moje bolezni in slabosti. Od takrat naprej me Bog ves čas varuje in nisem nikoli več zbolel. Občasno sem sicer začutil nelagodje v določenem predelu mojega telesa, a ko sem molil z vero, sem bil nemudoma ozdravljen.

Poleg mene in moje družine še veliko drugih članov Manmina iskreno veruje v vsemogočnega Boga in posledično tudi oni nikoli ne zbolijo in niso odvisni od zdravil. Iz hvaležnosti za prejeto milost Boga Zdravilca danes številni ljudje, ki so prejeli ozdravljenje, služijo cerkvi kot zvesti duhovniki Boga, starešine, diakoni in diakonice ter pomočniki.

Božja moč pa seveda ni omejena na zdravljenje bolezni in slabosti. Odkar je bila cerkev ustanovljena leta 1982 so bili mnogi člani Manmina priče primerom, ko je molitev z vero v Božjo moč vršila nadzor nad vremenom in ustavila močno deževje, varovala člane Manmina z oblaki ob peklensko sončnih dneh, ter ustavila divjanje tajfunov oziroma spremenila njihovo smer. Naj vam opišem primer. Vsak julij in avgust cerkve organizirajo poletne počitnice. Vendar, četudi preostali del Južne Koreje trpi zaradi škode, ki so jo povzročili tajfuni in poplave, so lokacije, kjer potekajo ta naša poletna druženja, pogosto nedotaknjene in varne pred močnim deževjem in drugimi naravnimi katastrofami. Številni člani Manmina prav tako redno videvajo mavrice, tudi v dneh, ko ni deževalo.

In ne pozabimo na še najbolj osupljiv obraz Božje moči. Delovanje Njegove moči se razodeva celo takrat, ko osebno ne molim neposredno za bolne ljudi. Številni ljudje so močno proslavili Boga, potem ko so prejeli ozdravljenje in blagoslove preko "Molitve za bolne" iz prižnice za celotno kongregacijo, in preko "Molitev", posnetih na kasetah, preko internetnih prenosov in avtomatskih telefonskih sporočil.

V Apostolskih delih 19:11-12 lahko preberemo: "Bog je po Pavlovih rokah delal nenavadne čudeže, tako da so ljudje prinašali bolnikom robce ali rute, ki so se dotaknile Pavlovega telesa, in bolezni so izginjale in zli duhovi so jih zapuščali." Enako se preko robcev, nad katerimi sem molil, redno razodeva delovanje čudovite Božje moči.

Še več, ko položim roke nad fotografije bolnih ljudi in molim zanje, prihaja do ozdravljenj po vsem svetu, ki presegajo čas in prostor. Zato so tudi, ko se mudim na shodih v tujini, v trenutku ozdravljene vse različne bolezni, vključno s smrtonosnim AIDS-om. Takšni čudeži so mogoči le z Božjo močjo, ki presega omejitve časa in prostora.

Da bi doživeli Božjo moč

Mar to pomeni, da lahko vsak, ki veruje v Boga, doživi osupljivo delovanje Njegove moči ter prejme odgovore in blagoslove? Mnogi ljudje izpovedujejo svojo vero v Boga, pa vendar vsi ne doživijo Njegove moči. Njegovo moč lahko doživite le, ko izkazujete vero v Boga v obliki del in ko Bog potrjuje: "Vem, da veruješ Vame."

Kot "vero" Bog upošteva že samo dejstvo, da nekdo posluša pridigo in se udeleži bogoslužja. Vendar, če želite posedovati resnično vero, s katero lahko prejmete ozdravljenje in uslišanje molitev, potem morate poslušati in vedeti, kdo je Bog, zakaj je Jezus naš Odrešenik, ter se zavedati obstoja nebes in pekla. Ko enkrat razumete vse te reči, se pokesate grehov, sprejmete Jezusa za svojega Odrešenika ter prejmete Svetega Duha, takrat vam bo dana pravica Božjega otroka. To je prvi korak do resnične vere. Ljudje, ki posedujejo resnično vero, izkazujejo dela, ki dokazujejo to njihovo vero. Bog vidi dela vere in odgovarja na poželenja njihovih src. Vsi tisti, ki doživljajo delovanje Njegove moči, Mu jasno dokazujejo svojo vero in so priznani od Boga.

Ugajanje Bogu z deli veri

Tukaj je nekaj primerov iz Svetega pisma. Prvič - 5. poglavje 2. Knjige kraljev opisuje zgodbo Naamána, vojskovodje arámskega kralja. Naamán je doživel delovanje Božje moči, potem ko je izkazal dela svoje vere, tako da je poslušal preroka Elizeja, preko katerega je govoril Bog.

Naamán je bil odlikovani general arámskega kraljestva. Ko je zbolel za gobavostjo, je Naamán obiskal Elizeja, za katerega se je govorilo, da dela čudovite čudeže. Vendar, ko je tako vpliven in priznan general, kot je bil Naamán, prispel pred Elizeja in s seboj prinesel deset talentov srebra, šest tisoč zlatnikov in deset prazničnih oblačil, je prerok Elizej k njemu poslal sla z naročilom: "Pojdi in se sedemkrat umij v Jordanu, pa se ti meso povrne in boš čist" (10. vrstica).

Sprva se je Naamán vidno razjezil, ker ni bil primerno obravnavan s strani preroka. Namesto Elizejeve molitve mu je bilo naročeno, naj se umije v reki Jordan. A Naamán si je kmalu premislil in upošteval Elizijeve besede. Četudi mu besede niso bile všeč in se ni strinjal z razmišljanjem Elizeja, je bil Naamán trdno odločen vsaj poskusiti ubogati Božjega preroka.

Ko se je Naamán šestič umil v reki Jordan, ni bilo razvidnih nobenih sprememb pri njegovi gobavosti. Vendar, ko je se Naamán še sedmikrat umil v Jordanu, je njegovo meso spet postalo kakor meso majhnega dečka; bil je čist (14. vrstica).

V duhovnem smislu "voda" simbolizira Božjo besedo. S tem dejanjem, ko se je potopil v reko Jordan, je bil Naamán z Božjo besedo očiščen svojih grehov. Poleg tega število "sedem" predstavlja popolnost, in ker se je Naamán sedemkrat umil v reki Jordan, to pomeni, da je prejel popolno odpuščanje.

Enako velja, če si želimo prejeti Božje odgovore, se moramo najprej temeljito pokesati svojih grehov, kot je to storil Naamán. A kesanje ni zaključeno zgolj po naših besedah: "Kesam se. Napačno sem ravnal." V ta namen si moramo "pretrgati svoja srca" (Joel 2:13). In ko se temeljito pokesate grehov, morate skleniti, da teh grehov ne boste nikoli več ponavljali. Šele takrat bo uničen zid greha med vami in Bogom, sreča bo privrela od znotraj, vaše težave bodo odpravljene, in prejeli boste odgovore na poželenja vašega srca.

Drugič - 3. poglavje 1. Knjige kraljev opisuje, kako je kralj Salomon na oltarju daroval tisoč žgalnih daritev. Z daritvami je Salomon izkazal dela svoje vere z namenom, da bi prejel Božje odgovore, in posledično je od Boga prejel ne le tisto, za kar je prosil, temveč tudi tisto, česar ni prosil.

Salomon je potreboval veliko mero predanosti, ko je daroval tisoč žgalnih daritev. Za vsako daritev je namreč moral ujeti žival in jo ustrezno pripraviti. Si lahko predstavljate, koliko časa, truda in denarja je bilo potrebnega za tisoč takšnih daritev? Predanost, kakršno je izkazal Salomon, ne bi bila mogoča, če kralj ne bi iskreno veroval v Boga.

Ko je videl to Salomonovo predanost, mu Bog ni dal le modrosti, za katero je kralj prvotno prosil, temveč tudi bogastvo in slavo — tako da mu vse njegove dni ne bi bilo enakega med kralji.

Tretjič - 15. poglavje Matejevega evangelija opisuje zgodbo ženske iz sirske Fenecije, katere hčerka je bila obsedena z demoni. Stopila je pred Jezusa s ponižnim in neomajnim srcem, Ga prosila za ozdravljenje in njena prošnja je bila naposled uslišana. A na njeno iskreno prošnjo Jezus sprva ni odgovoril z besedami: "V redu, tvoja hčerka je ozdravljena." Namesto tega je Jezus rekel: "Ni lepo jemati kruh otrokom in ga metati psom" (26. vrstica). Tako je žensko primerjal s psom. Če ženska ne bi imela vere, bi se ob teh besedah močno sramovala oziroma nezadržno razjezila. A ženska je gojila vero, ki ji je zagotavljala Jezusovo uslišanje, zato ni bila razočarana niti zgrožena, pač pa se je še toliko bolj ponižno oklenila Jezusa. "Tako je, Gospod," je ženska rekla Jezusu, "pa vendar tudi psi jedo od drobtinic, ki padajo z mize njihovih gospodarjev." Ta njena vera je močno razveselila Jezusa in njena z demoni obsedena hči je ozdravela še tisto uro.

Če želimo prejeti ozdravljenje in odgovore, moramo tudi mi pokazati svojo vero do konca. Še več, če posedujete vero, s katero lahko prejmete Njegove odgovore, se morate fizično pokazati pred Bogom.

Ker pa se v Centralni cerkvi Manmin Božja moč razodeva tako obilno, je možno prejeti ozdravljenje kar preko robcev ali fotografij, nad katerimi molim. Vendar to velja le za osebe, ki so v kritičnem stanju ali v tujini. Vsi ostali ljudje se morajo sami osebno pojaviti pred Bogom. Človek lahko doživi Božjo moč šele takrat, ko je slišal Njegovo besedo in poseduje vero. V kolikor je posameznik duševno prizadet ali obseden z demoni in posledično ne more stopiti pred Boga po svoji lastni veri, kot je bilo v primeru te ženske iz sirske Fenecije, potem morajo njegovi starši oz. družina stopiti pred Boga v njegovem imenu z ljubeznijo in vero.

Poleg teh primerov obstaja še veliko drugih dokazov vere. Na primer na obrazu posameznika, ki poseduje vero za prejetje odgovorov, sta sreča in hvaležnost vedno jasno razvidni. V Marku 11:24 nas Jezus uči: "Zato vam pravim: Za vse, kar molite in prosite, verjemite, da ste že prejeli, in se vam bo zgodilo." Če gojite resnično vero, boste vedno veseli in hvaležni. Povrh tega, če izpovedujete vero v Boga, boste poslušni in živeli po Njegovi besedi. Ker je Bog luč, si boste prizadevali hoditi v luči in se spreobrnili.

Bog se razveseljuje nad našimi deli vere in odgovarja na poželenja naših src. Ali posedujete tolikšno mero vere, kakršno Bog odobrava?

Pismo Hebrejcem 11:6 nas opominja: "Brez vere namreč ne moremo biti Bogu všeč, kajti kdor prihaja k Bogu, mora verovati, da On biva in poplača tiste, ki Ga iščejo."

V imenu našega Gospoda Jezusa Kristusa molim, da bi s pravilnim razumevanjem, kaj pomeni verovati v Boga in izkazovati vero, vsi vi močno ugajali Bogu, doživeli Njegovo moč ter vodili blagoslovljena življenja!

2. sporočilo
Vera v Gospoda

Hebrejcem 12:1-2

*Ker nas torej obdaja
tako velik oblak pričevalcev,
tudi mi odstranimo vsakršno breme in greh,
ki nas zlahka prevzame,
ter vztrajno tecimo v tekmi,
ki nas čaka.
Uprimo oči v Jezusa,
začetnika in dopolnitelja vere.
On je zaradi veselja, ki Ga je čakalo,
pretrpel križ, preziral sramoto
in sédel na desnico Božjega prestola*

Danes je veliko ljudi slišalo za ime Jezus Kristus. Pa vendar jih presenetljivo veliko ne ve, zakaj je Jezus edini Odrešenik človeštva, in zakaj prejmemo odrešenje šele takrat, ko verujemo v Jezusa Kristusa. Pravzaprav tudi nekateri kristjani ne znajo odgovoriti na zgornji vprašanji, čeprav sta neposredno vezani na odrešenje. To pomeni, da ti kristjani vodijo svoja življenja v Kristusu, brez da bi v celoti razumeli duhovni pomen teh vprašanj.

Šele ko resnično poznamo in razumemo, zakaj je Jezus naš edini Odrešenik in kaj pomeni sprejeti in verovati Vanj, in ko posedujemo resnično vero, šele takrat lahko doživimo Božjo moč.

Nekateri ljudje preprosto gledajo na Jezusa kot na enega od štirih velikih svetnikov. Spet drugi Ga imajo za ustanovitelja krščanstva, oziroma za zelo plemenitega človeka, ki je storil veliko dobrega v Svojem življenju.

Toda tisti, ki smo postali Božji otroci, moramo priznavati, da je Jezus Odrešenik človeštva, ki je odkupil vse ljudi njihovih grehov. Kako sploh lahko primerjamo edinega Božjega Sina Jezusa Kristusa z ljudmi, ki smo preprosta bitja? Tudi v Jezusovem času je bilo veliko različnih pogledov, s katerimi so ljudje obravnavali Jezusa.

Odrešenik in Sin Boga Stvarnika

16. poglavje Matejevega evangelija opisuje prizor, v katerem Jezus vpraša Svoje učence: "Kaj pravijo ljudje, kdo je Sin človekov?" (13. vrstica). Učenci odgovorijo: "Eni, da je Janez Krstnik, drugi, da Elija, spet drugi, da Jeremija ali eden izmed prerokov" (14. vrstica). Nato Jezus vpraša Svoje učence: "Kaj pa vi pravite, kdo Sem?" (15. vrstica). Peter odgovori: "Ti si Mesija, Sin živega Boga." (16. vrstica). Jezus ga pohvali in reče: "Blagor ti, Simon, Jonov sin, kajti tega ti nista razodela meso in kri, ampak Moj Oče, ki je v nebesih" (17. vrstica). Na račun številnih del Božje moči, ki jih je delal Jezus, je bil Peter prepričan, da je Jezus Sin Boga Stvarnika in Kristus, Odrešenik človeštva.

V začetku je Bog izoblikoval človeka v Svoji lastni podobi iz zemeljskega prahu in ga vodil v edenski vrt. V vrtu sta bili zasajeni drevo življenja in drevo spoznanja dobrega in hudega, in Bog je zapovedal prvemu človeku Adamu: "Z vseh dreves v vrtu smeš jesti, le z drevesa spoznanja dobrega in hudega nikar ne jej! Kajti na dan, ko bi jedel z njega, boš gotovo umrl" (Geneza 2:16-17).

Ko je preteklo veliko časa, sta bila prvi človek Adam in Eva zapeljana od kače, ki je bila nahujskana s strani Satana, in sta prekršila Božjo zapoved. Jedla sta z drevesa spoznanja dobrega in hudega ter bila izgnana iz edenskega vrta. Kot posledica njunih dejanj so vsi potomci Adama in Eve podedovali njuno grešno naravo. In kot je Bog rekel Adamu, da bo ta gotovo umrl, so bili vsi duhovi njegovih potomcev speljani na pot večne smrti.

Zato je Bog še pred začetkom časa pripravil pot za odrešenje preko Jezusa Kristusa, Sina Boga Stvarnika.- Kot nas učijo Apostolska dela 4:12 ni nihče, razen Jezusa Kristusa, upravičen postati Odrešenik človeštva: "V nikomer drugem ni odrešenja;

zakaj pod nebom ljudem ni dano nobeno drugo ime, po katerem naj bi se mi rešili."

Božja previdnost, skrita še pred začetkom časa

1 Korinčanom 2:6-7 nas uči: "Pa vendar oznanjamo modrost, in sicer med popolnimi! Toda ne modrosti tega sveta, tudi ne modrosti voditeljev tega sveta. Ti minevajo. Mi oznanjamo Božjo modrost v skrivnosti, tisto prikrito, ki jo je Bog pred veki vnaprej določil za naše veličastvo." In 1 Korinčanom 2:8-9 nas opominja: "Te ni spoznal noben mogočnik tega sveta. Kajti ko bi jo spoznali, Gospoda veličastva pač ne bi križali. Kakor je pisano: 'Česar oko ni videlo in uho ni slišalo in kar v človekovo srce ni prišlo, kar je Bog pripravil tistim, ki Ga ljubijo.'" Dojeti moramo, da je pot odrešenja, ki jo je Bog pripravil za človeštvo še pred začetkom časa, dejansko pot križa Jezusa Kristusa, in prav v tem se skriva Božja modrost.

Bog kot Stvarnik vlada nad vsemi rečmi v vesolju in usmerja zgodovino človeštva. Kralj ali predsednik države vlada svoji državi v skladu z deželnim pravom; glavni izvršni direktor nadzoruje poslovanje podjetja v skladu s smernicami podjetja; in glava družine vodi svojo družino v skladu z družinskimi pravili. In tako tudi Bog, lastnik vsega vesolja, vedno vlada nad vsemi rečmi v skladu s postavo duhovnega sveta, kot je zapisana v Svetem pismu.

Postava duhovnega sveta vsebuje pravilo za kaznovanje krivih, ki pravi: "Plačilo za greh je namreč smrt" (Rimljanom 6:23). In postava vsebuje tudi pravilo, ki nas lahko odkupi naših grehov. Bog je uporabil to pravilo, da bi nas odkupil naših grehov ter obnovil oblast, ki je bila zaradi Adamove neposlušnosti predana sovražniku hudiču.

Po katerem pravilu je bilo torej človeštvo odkupljeno in si je povrnilo oblast, ki jo je prvi človek Adam prepustil sovražniku hudiču? Bog je v skladu s "postavo o ponovnem odkupu zemlje" pripravil pot odrešenja za človeštvo še pred začetkom časa.

Jezus Kristus je upravičen po postavi o ponovnem odkupu zemlje

Bog je dal Izraelcem "postavo o ponovnem odkupu zemlje," ki narekuje naslednje: prodaja zemlje ne sme biti trajna; in če nekdo obuboža in proda svojo zemljo, jo mora odkupiti njegov najbližji sorodnik ali kar sam, tako da zemlja spet pride njemu v last (Levitik 25:23-28).

Bog je vnaprej vedel, da bo Adam v svoji neposlušnosti predal svojo od Boga dano oblast hudiču. Pravzaprav je moral Bog, kot resnični in prvotni Lastnik vsega v vesolju, hudiču predati oblast in tudi slavo, ki ju je nekoč užival Adam, saj je tako velevala postava duhovnega sveta. Zato tudi, ko hudič skuša Jezusa v 4. poglavju evangelija po Luku, tako da mu pokaže vsa kraljestva sveta in njihovo slavo, le ta reče Jezusu: "Tebi bom dal vso to oblast in njihovo slavo, kajti meni je izročena in jo dam, komur hočem" (Luka 4:6-7).

Po postavi o ponovnem odkupu zemlje vsa zemlja pripada Bogu, zato je človek nikoli ne more prodati za zmeraj in ko se pojavi posameznik z ustreznimi kvalifikacijami, mora biti prodana zemlja povrnjena prvotni osebi. Ravno tako vse stvari v vesolju pripadajo Bogu, zato jih Adam ni mogel "prodati" za zmeraj, in tudi hudič si jih ni mogel prilastiti za zmeraj. Potemtakem, ko se je pojavil posameznik, ki je bil upravičen odkupiti Adamovo izgubljeno oblast, hudiču ni preostalo drugega, kot da preda svojo oblast, ki jo je prejel od Adama.

Pravični Bog je še pred začetkom časa pripravil neomadeževanega moža, ki je bil upravičen po postavi o ponovnem odkupu zemlje, in ta pot za odrešenje človeštva je Jezus Kristus.

Toda kako je v skladu s postavo o ponovnem odkupu zemlje Jezus Kristus povrnil oblast, ki je bila predana sovražniku hudiču? Šele ko je izpolnil naslednje štiri kvalifikacije, je lahko Jezus odkupil človeštvo njihovih grehov in povrnil oblast, ki je bila predana sovražniku hudiču.

Prvič - odkupitelj mora biti človek, Adamov "najbližji sorodnik."

Levitik 25:25 nas uči: "Če tvoj brat obuboža in mora prodati del svoje lastnine, naj pride njegov odkupitelj – to je najbližji sorodnik – in naj odkupi, kar njegov brat prodaja." Glede na to, da mora zemljo odkupiti "najbližji sorodnik", lahko le človek povrne oblast, ki jo je Adam predal hudiču. 1 Korinčanom 15:21-22 pravi: "Ker je namreč po človeku smrt, je po človeku tudi vstajenje mrtvih. Kakor namreč v Adamu vsi umirajo, tako bodo v Kristusu tudi vsi oživljeni." Povedano drugače, ker je smrt vstopila skozi neposlušnost enega človeka, mora biti tudi vstajenje mrtvih doseženo preko enega človeka.

Jezus Kristus je "Beseda, ki je postala meso" in se naselila med nami na zemlji (Janez 1:14). Jezus je Sin Boga, rojen v mesu z božansko in tudi človeško naravo. Njegovo rojstvo je zgodovinsko dejstvo, ki ga potrjuje veliko dokazov. Še zlasti se zgodovina človeštva označuje z "B.C." oz. "pred Kristusom" in "A.D." oz. "Anno Domini" v latinščini, kar pomeni "v letu našega Gospoda."

In ker je Jezus Kristus prišel na ta svet v mesu, je On Adamov "najbližji sorodnik" in posledično izpolnjuje prvo kvalifikacijo.

Drugič - odkupitelj ne sme biti Adamov potomec.

Da bi lahko posameznik odkupil grehe drugih ljudi, sam ne sme biti grešnik. Toda vsi potomci Adama, ki je sam postal grešnik zaradi svoje neposlušnosti, so ravno tako grešniki. Potemtakem po postavi o ponovnem odkupu zemlje odkupitelj ne sme biti Adamov potomec.

Razodetje 5:1-3 pravi naslednje:

In v desnici Njega, ki je sedèl na prestolu, sem videl knjigo, popisano znotraj in zunaj in zapečateno s sedmimi pečati. Videl sem silnega angela, ki je klical z močnim glasom: "Kdo je vreden, da odpre knjigo in odtrga njene pečate?" Toda nihče ne v nebesih ne na zemlji ne pod zemljo ni mogel odpreti knjige ne pogledati vanjo.

"Knjiga, zapečatena s sedmimi pečati" se tukaj nanaša na pogodbo med Bogom in hudičem, sklenjeno po Adamovi neposlušnosti, in človek, ki je "vreden, da odpre knjigo in odtrga njene pečate", mora biti kvalificiran po postavi o ponovnem odkupu zemlje. Ko je apostol Janez iskal nekoga, ki bi lahko odprl knjigo in odtrgal njene pečate, ni našel primernega posameznika.

Janez se je ozrl v nebo, a videl angele in ne ljudi. Iskal je na zemlji, a videl le Adamove potomce, ki so bili vsi grešniki. Ozrl se je pod površino zemlje, a videl le grešnike, usojene na pekel, in bitja, ki so pripadala hudiču. Silno je jokal, ker se ni našel nihče, ki bi bil vreden, da odpre knjigo in pogleda vanjo (4. vrstica). Nato je pred Janeza stopil nek starešina in rekel: "Ne jokaj! Glej, zmagal je lev iz Judovega rodu, Davidova korenina, da bi odprl knjigo in njenih sedem pečatov" (5. vrstica). "Lev iz Judovega rodu, Davidova korenina," se tukaj nanaša na Jezusa, ki prihaja iz Judovega rodu in iz hiše Davidove. Jezus Kristus je potemtakem upravičen oz. kvalificiran za odkupitelja v skladu s postavo o ponovnem odkupu zemlje.

Matej 1:18-21 podrobno opisuje Jezusovo rojstvo:

Z rojstvom Jezusa Kristusa je bilo takóle: Njegova mati Marija je bila zaročena z Jožefom; in preden sta prišla skupaj, se je izkazalo, da je noseča – bila pa je noseča od Svetega Duha. Njen mož Jožef je bil pravičen in je ni hotel osramotiti, zato je sklenil, da jo bo skrivaj odslovil. Ko je to premišljeval, se mu je v sanjah prikazal Gospodov angel in rekel: "Jožef, Davidov sin, ne boj se vzeti k sebi Marije, svoje žene; kar je spočela, je namreč od Svetega Duha. Rodila bo Sina in daj mu ime Jezus, kajti On bo Svoje ljudstvo odrešil grehov."

Edini Božji Sin Jezus Kristus je prišel na ta svet v mesu (Janez 1:14) iz maternice Device Marije, saj je moral biti človek in ne Adamov potomec, da bi bil upravičen po postavi o ponovnem odkupu zemlje.

Tretjič - odkupitelj mora izžarevati moč.

Predpostavimo, da mlajši brat obuboža in proda svojo zemljo, nakar želi njegov starejši brat odkupiti zemljo svojega mlajšega brata. Starejši brat mora pridobiti dovolj sredstev za odkup

(Levitik 25:26). Podobno, če se mlajši brat znajde v velikih dolgovih in želi starejši brat odplačati dolgove, mora za to imeti dovolj sredstev, ne le dobro namero.

Ravno tako, če želimo spreobrniti grešnika v pravičnega človeka, je potrebnih dovolj sredstev oziroma moči. Moč za odkup zemlje tukaj predstavlja moč za odkup grehov vseh ljudi. Z drugimi besedami, odkupitelj vsega človeštva, ki je upravičen po postavi o ponovnem odkupu zemlje, v sebi ne sme skrivati nobenega greha.

Ker Jezus Kristus ni Adamov potomec, Sam ne nosi izvirnega greha. Jezus Kristus prav tako nima svojih lastnih grehov, saj je izpolnjeval postavo polnih 33 let življenja na zemlji. Bil je obrezan na osmi dan po rojstvu in preden je začel svoje triletno službovanje, je Jezus v celoti poslušal in ljubil Svoje starše, ter zvesto izpolnjeval vse zapovedi.

Prav zato nas Pismo Hebrejcem 7:26 uči: "Takšen véliki duhovnik je bil za nas tudi primeren: svet, nedolžen, brez zla; tak, ki je ločen od grešnikov in je postal višji od nebes." In 1 Peter 2:22-23 pravi: "[Kristus], ki ni storil greha in ni bilo zvijače v njegovih ustih. Ko so Ga sramotili, ni vračal sramotenja, ko je trpel, ni grozil, ampak je vse prepuščal Njemu, ki sodi pravično."

Četrtič - odkupitelj mora znati ljubiti.

Za uspešen odkup zemlje je poleg zgornjih treh pogojev potrebna tudi ljubezen. Brez ljubezni starejši brat, ki je zmožen odkupiti zemljo mlajšega brata, ne bo odkupil te zemlje. Četudi je starejši brat najbogatejši človek v deželi, medtem ko je njegov mlajši brat do vratu zakopan v dolgovih, brez ljubezni starejši brat ne bo pomagal mlajšemu bratu. Kakšno korist bi potem imel mlajši brat od vse te moči in bogastva starejšega brata?

4. poglavje Rutine knjige opisuje zgodbo o Boazu, ki se je dobro zavedal, v kakšnem položaju se je znašla Rutina tašča Naomi. Ko je Boaz prosil "sorodnika-odkupitelja", naj odkupi Naomino dediščino, je ta odgovoril: "Ne morem odkupiti zase, sicer oškodujem svojo dediščino. Odkupi ti zase, kar je moja kupna pravica, kajti jaz ne morem odkupiti" (6. vrstica). Tako je Boaz v svoji veliki ljubezni odkupil Naomino zemljo in bil

kasneje bogato blagoslovljen, ko je postal Davidov prednik.

Jezus, ki je prišel na ta svet v mesu, ni bil Adamov potomec, saj je bil spočet od Svetega Duha, in Jezus ni zagrešil nobenega greha. Posledično je imel Jezus "dovolj sredstev" za naš odkup. Če Jezus ne bi gojil ljubezni, ne bi prenašal trpljenja na križu. Toda Jezus je bil tako poln ljubezni, da je bil križan od preprostih ljudi, prelil vso Svojo kri in odkupil človeštvo ter tako odprl pot odrešenja. To je rezultat brezmejne ljubezni našega Očeta Boga in žrtvovanja Jezusa, ki je bil poslušen vse do smrti.

Zakaj je bil Jezus obešen na les?

Zakaj je bil Jezus obešen na lesen križ? Razlog je ta, da bi bila izpolnjena postava duhovnega sveta, ki pravi: "Kristus pa nas je odkupil od prekletstva postave tako, da je za nas postal prekletstvo. Pisano je namreč: 'Preklet je vsak, kdor visi na lesu'" (Galačanom 3:13). Jezus je bil obešen na les v našem imenu, da bi odkupil nas grešnike od "prekletstva postave."

Levitik 17:11 pravi: "Kajti življenje mesa je v krvi in dal sem vam jo za oltar, da opravite spravo za svoje življenje, kajti kri opravi spravo za življenje.." Hebrejcem 9:22 pravi: "In po postavi se skoraj vse očiščuje s krvjo in brez krvi ni odpuščanja." Kri je življenje, kajti brez prelitja krvi "ni odpuščanja". Jezus je prelil Svojo neoporečno in dragoceno kri zato, da bi mi pridobili življenje.

Povrh tega je s Svojim trpljenjem na križu osvobodil nas grešnike pred prekletstvom bolezni, slabosti, revščine, ipd. Ker je Jezus živel v revščini na zemlji, nas je osvobodil revščine. Ker je bil Jezus prebičan, smo vsi mi osvobojeni vseh naših bolezni. Ker je Jezus nosil trnovo krono, nas je odkupil grehov, ki jih delamo v naših mislih. In ker je bil Jezus pribit skozi roke in noge, nas je odkupil grehov, ki jih delamo z rokami in nogami.

Vera v Gospoda pomeni spreobrnjenje v resnico

Ljudje, ki resnično dojemajo previdnost križa in vanjo

verjamejo iz dna svojih src, se bodo očistili grehov in živeli po Božji volji. Kakor pravi Jezus v Janezu 14:23: "Če Me kdo ljubi, se bo držal Moje besede in Moj Oče ga bo ljubil. Prišla bova k njemu in prebivala pri njem." Takšni ljudje so deležni Božje ljubezni in blagoslovov.

A zakaj potem ljudje, ki izpovedujejo svojo vero v Gospoda, ne prejmejo uslišanja na njihove molitve in trpijo preizkušnje in stisko? To je zato, ker četudi trdijo, da verujejo v Boga, Bog njihove vere ne smatra za iskreno oz. resnično vero. To pomeni, da čeprav so slišali Božjo besedo, se še naprej niso očistili svojih grehov in spremenili v resnico.

Na svetu je denimo veliko vernikov, ki ne izpolnjujejo desetih božjih zapovedi, ki predstavljajo temelje življenja v Kristusu. Ti posamezniki se dobro zavedajo zapovedi, ki pravi: "Spominjaj se sobotnega dne in ga posvečuj!" Pa vendar se udeležijo le jutranjega bogoslužja oziroma se sploh ne udeležijo bogoslužja in delajo svoja opravila na Gospodov dan. Zavedajo se, da bi morali darovati cerkvene desetine, a ker jim je denar preveč pri srcu, zavestno zanemarjajo to svojo dolžnost. Kako neki naj bi prejeli odgovore in blagoslove, ko pa nam Bog izrecno pravi, da je takšno početje "goljufanje" Boga? (Malahija 3:8)

In potem so tukaj tisti verniki, ki ne odpuščajo napak in pomanjkljivosti drugih ljudi. Jezijo se in kujejo načrte, da bi se maščevali z enako mero zlobe. Nekateri dajejo obljube, a jih znova in znova prelomijo, medtem ko drugi krivijo in se pritožujejo, kot to počnejo posvetni ljudje. Kako naj potem zanje rečemo, da gojijo resnično vero?

Če imamo resnično vero, si moramo prizadevati početi vse stvari skladno z Božjo voljo, izogibati se moramo vseh oblik hudobije ter odsevati podobnost Gospoda, ki je žrtvoval Svoje lastno življenje za nas grešnike. Takšni ljudje znajo odpuščati in ljubiti tudi tiste, ki jih sovražijo in jim škodujejo, in se vedno žrtvujejo za druge.

Ko v sebi izkoreninite vzkipljivost, se boste spremenili v prijaznega človeka, katerega ustnice bodo izgovarjale le besede dobrote in topline. Če ste se prej pritoževali ob vsaki priložnosti, se boste z resnično vero zdaj zahvaljevali v vseh okoliščinah in delili milost z ljudmi v vaši bližini.

Če resnično verujemo v Gospoda, Mu moramo biti podobni

in voditi preobraženo življenje. Samo tako bomo prejeli Božje odgovore in blagoslove.

Pismo Hebrejcem 12:1-2 nas uči:

> Ker nas torej obdaja tako velik oblak pričevalcev, tudi mi odstranimo vsakršno breme in greh, ki nas zlahka prevzame, ter vztrajno tecimo v tekmi, ki nas čaka. Uprimo oči v Jezusa, začetnika in dopolnitelja vere. On je zaradi veselja, ki Ga je čakalo, pretrpel križ, preziral sramoto in sédel na desnico Božjega prestola.

Poleg številnih očetov vere, ki jih najdemo v Svetem pismu, je tudi med nami veliko ljudi, ki so po svoji veri v Gospoda dosegli odrešenje in blagoslove.

Zato moramo tudi mi doseči resnično vero, kot "velik oblak pričevalcev". Odvrzimo vse, kar nas ovira, in grehe, ki nas tako zlahka zapeljejo, ter si prizadevajmo biti podobni Gospodu! Kot nam obljublja Jezus v Janezu 15:7: "Če ostanete v Meni in Moje besede ostanejo v vas, prosíte, kar koli hočete, in se vam bo zgodilo." Samo tako bomo lahko vodili življenje, ki je polno Njegovih odgovorov in blagoslovov.

Če trenutno še ne vodite takšnega življenja, se ozrite nazaj na svoje življenje, pretrgajte svoje srce in se pokesajte, ker niste primerno verovali v Gospoda, ter sklenite, da boste odslej živeli izključno samo po Božji besedi.

V imenu Gospoda Jezusa Kristusa molim, da bi vsi vi vzgojili resnično vero, doživeli Božjo moč ter močno proslavili Boga z vsemi vašimi uslišanji in blagoslovi!

3. sporočilo
Posoda, lepša od dragulja

2 Timoteju 2:20-21

*V veliki hiši
ni le zlate in srebrne posode,
marveč tudi lesena in lončena,
prva za čast, druga za nečast.
Kdor se bo teh očistil, bo postal posoda za čast,
posvečena, Gospodarju koristna
in pripravljena za vsako dobro delo*

Bog je ustvaril človeštvo z namenom, da bi požel prave otroke, s katerimi bi lahko delil resnično ljubezen. Vendar ljudje so grešili, zašli od pravega namena njihovega stvarjenja in postali sužnji sovražnika hudiča in Satana (Rimljanom 3:23). A ljubeči Bog se kljub temu ni odrekel Svojemu cilju, da bi pridobil prave otroke. Odprl je pot odrešenja za ljudi, ki so se znašli v okovih greha. Bog je dal na križ pribiti Svojega edinega Sina Jezusa, da bi odkupil vso človeštvo njihovih grehov.

S to čudovito ljubeznijo in velikim žrtvovanjem je bila vsakomur, ki veruje v Jezusa Kristusa, odprta pot odrešenja. Kdor v svojem srcu veruje, da je Jezus umrl in ponovno vstal od mrtvih, ter z usti priznava, da je Jezus njegov Odrešenik, ta ima pravico kot Božji otrok.

Ljubljeni Božji otroci so kakor "posode"

2 Timoteju 2:20-21 pravi: "V veliki hiši ni le zlate in srebrne

posode, marveč tudi lesena in lončena, prva za čast, druga za nečast. Kdor se bo teh očistil, bo postal posoda za čast, posvečena, gospodarju koristna in pripravljena za vsako dobro delo." Namen posode je zajemati različne vsebine. Bog gleda na Svoje otroke kot na "posode", ker lahko z njimi napolni Svojo ljubezen in milost, in Svojo besedo, ki je resnica, kot tudi Svojo moč in oblast. Zato se moramo zavedati, da v odvisnosti od tega, kakšno posodo smo oblikovali, lahko uživamo različne darove in blagoslove, ki jih je Bog pripravil za nas.

Kakšna vrsta posode je potem posameznik, ki lahko zajema vse blagoslove, ki jih je pripravil Bog? Gre za posodo, kakršno Bog smatra za dragoceno, plemenito in čudovito.

"Dragocena" posoda je tisti, ki v celoti izpolnjuje svojo od Boga dano dolžnost. V to kategorijo spadata Janez Krstnik, ki je pripravil pot za našega Gospoda Jezusa, in Mojzes, ki je vodil Izraelce iz Egipta.

"Plemenita" posoda je posameznik, ki ga krasijo vrednote, kot so poštenje, iskrenost, odločnost in zvestoba. Gre za vrednote, ki jih le redko najdemo pri preprostih ljudeh. V to kategorijo spadata denimo Jožef in Daniel, ki sta zasedala visok položaj v mogočnih državah in sta močno proslavila Boga.

In "čudovita" posoda v očeh Boga je človek z dobrim srcem, ki se nikoli ne prereka ali prepira, temveč znotraj resnice sprejema in tolerira vse reči. V to kategorijo štejemo Estero, ki je rešila svoje ljudstvo, in Abrahama, ki si je pridobil naziv Božji "prijatelj".

"Posoda, bolj čudovita od dragulja" je posameznik, ki izpolnjuje kvalifikacije, da ga lahko Bog smatra za dragocenega, plemenitega in čudovitega. Dragulj je nemudoma razviden na prodišču. In ravno tako so nemudoma razvidni vsi Božji ljudje, ki so bolj čudoviti od draguljev.

Dragulji so običajno pregrešno dragi za svojo velikost, a njihov blišč in izrazite barve privlačita ljudi, ki iščejo lepoto. Pa vendar vsi bleščeči kamni ne veljajo za dragulje. Pristni dragulji morajo vsebovat tudi nežne odtenke in sijaj, kot tudi fizično trdnost. "Fizična trdnost" se tukaj nanaša na sposobnost materiala pri prenašanju temperature, ohranjanju oblike, ter da ne pride do onesnaženja ob stiku z drugimi snovmi. Še en pomemben faktor je redkost.

Posoda bo izredno dragocena, plemenita in čudovita, če jo krasijo čudovit sijaj, fizična trdnost in redkost. Bog si za Svoje otroke želi, da bi postali posode, ki so bolj čudovite od draguljev, in bi vodili blažena življenja. In ko Bog odkrije takšne posode, nanje nemudoma izlije znake Svoje ljubezni in radosti.

Toda, kako lahko v očeh Boga postanemo posode, ki so bolj čudovite od draguljev?

Prvič - doseči morate posvečenost srca z besedo Boga, ki je resnica sama.

Da bi bila posoda uporabljena po svojem prvotnem namenu, mora biti predvsem čista. Tudi pregrešno draga, zlata posoda, ne more biti uporabljena, v kolikor je popackana in prežeta s smradom. Šele ko je takšna dragocena posoda očiščena z vodo, jo lahko končno uporabimo v skladu z njenim prvotnim namenom.

Enako pravilo velja za Božje otroke. Bog je za Svoje otroke

pripravil obilne blagoslove in različne darove, bogastva, zdravje, ipd. In da bi prejeli te blagoslove in darove, se moramo najprej urediti kot čiste posode.

Jeremija 17:9 pravi: "Srce je zvijačnejše od vsega in zahrbtno; kdo ga more doumeti?" In v Mateju 15:18-19 Jezus pravi: "Kar pa prihaja iz ust, pride iz srca, in to omadežuje človeka. Iz srca namreč prihajajo hudobne misli, umori, prešuštva, nečistovanja, tatvine, kriva pričevanja, kletve." Čiste posode lahko potemtakem postanemo šele takrat, ko si očistimo srca. In ko smo enkrat čista posoda, nihče od nas ne bo nikoli več razvil "hudobnih misli", izgovoril hudobnih besed ali stal za hudobnimi dejanji.

Očiščenje srca je možno le z duhovno vodo, ki je Božja beseda. Zato nas tudi Bog spodbuja v Pismu Efežanom 5:26, naj se "posvetimo, ko nas je očistil s kopeljo vode z besedo,," in v Pismu Hebrejcem 10:22, da naj "prihajajmo z resničnim srcem in v polni gotovosti vere, saj smo v srcih očiščeni slabe vesti in naše telo je umito s čisto vodo."

Vendar kako smo lahko očiščeni z duhovno vodo, ki je Božja

beseda? Izpolnjevati moramo različne zapovedi, ki jih najdemo v šestinšestdesetih knjigah Svetega pisma in so namenjene za "očiščenje" naših src. Izpolnjevanje tovrstnih zapovedi, kot so "ne delaj" in "odpravi", nas bo naposled pripeljalo do tega, da se bomo osvobodili vsega grešnega in hudobnega.

Vedenje tistih, ki so očistili svoja srca z Njegovo besedo, se bo močno spremenilo in bo osvetljevalo luč Kristusa. Izpolnjevanja besede pa ni moč doseči zgolj s posameznikovo lastno močjo in voljo, temveč je potrebno vodstvo in pomoč Svetega Duha.

Ko slišimo in razumemo Božjo besedo, odpremo naša srca in sprejmemo Jezusa kot našega Odrešenika, takrat nam Bog podarja Svetega Duha. Sveti Duh biva v ljudeh, ki sprejemajo Jezusa kot svojega Odrešenika, ter jim pomaga slišati in razumeti besedo resnice. Sveto pismo nas uči, "kar je rojeno iz mesa, je meso, in kar je rojeno iz Duha, je duh" (Janez 3:6). Božji otroci, ki prejmejo Svetega Duha kot darilo, se lahko z močjo Svetega Duha vsak dan branijo pred grehom in hudobijo ter postanejo duhovni ljudje.

Ali je kdo od vas nemiren in zaskrbljen, misleč: 'Le kako naj izpolnjujem vse te zapovedi?' 1 Janez 5:2-3 nas opominja: "Da ljubimo Božje otroke, pa spoznamo po tem, če ljubimo Boga in izpolnjujemo Njegove zapovedi. To je Božja ljubezen, da se držimo Njegovih zapovedi. In Njegove zapovedi niso težke." Če ljubite Boga iz dna vašega srca, vam ne bo težko izpolnjevati Njegovih zapovedi.

Ko se staršem rodijo otroci, skrbno poskrbijo zanje v vseh pogledih, od hrane, oblačil, umivanja, ipd. Po eni strani je lahko staršem v breme, kadar morajo poskrbeti za tujega otroka. Po drugi strani pa jim nikakor ni v breme, ko skrbijo za svojega lastnega otroka. Tudi če se otrok zbudi sredi noči in začne jokati, staršem to ni v nadlogo, saj preprosto preveč ljubijo svojega otroka. Pomagati ljubljeni osebi je vir velike radosti in sreče, in nikakor ni težavno ali nadležno. In enako velja, če resnično verujemo, da je Bog Oče našega duha in da je v Svoji brezmejni ljubezni žrtvoval Svojega edinega Sina, ki je bil pribit na križ za nas, kako naj Ga potem ne bi ljubili? Če ljubimo Boga, nam ni naporno živeti po Njegovi besedi. Prav nasprotno. Življenje bo naporno in neznosno, kadar ne živimo po Božji besedi oz. ne izpolnjujemo Njegove volje.

Osebno sem sedem let trpel različne bolezni, dokler me ni starejša sestra odvedla v Božje svetišče. Tako sem srečal živega Boga, prejel ogenj Svetega Duha in ozdravljenje vseh mojih bolezni v trenutku, ko sem pokleknil v svetišču. To je bilo 17. aprila 1974 in od takrat naprej sem se začel udeleževati vseh različnih bogoslužij v polni hvaležnosti za prejeto Božjo milost.

Novembra isto leto sem se udeležil mojega prvega obnovitvenega srečanja, na katerem sem začel spoznavati Njegovo besedo, ki predstavlja temelje življenja v Kristusu:

'Oh, takšen je torej Bog!'
'Odpraviti moram vse svoje grehe.'
'To je rezultat, kadar verujem!'
'Prenehati moram kaditi in popivati,'
'Neprenehoma moram moliti.'
'Darovanje desetin je obvezno,
 in pred Boga ne smem stopiti praznih rok.'

Avtor dr. Jaerock Lee

Ves teden sem sprejemal Božjo besedo le z "Amen!" v mojem srcu.

Po obnovitvenem srečanju sem prenehal kaditi in uživati alkohol ter začel darovati cerkvene desetine in zahvalne daritve. Prav tako sem začel moliti ob zori in postopoma postal človek molitve. Ravnal sem natančno po navodilih in začel prebirati Sveto pismo.

Z Božjo močjo sem bil v trenutku ozdravljen vseh bolezni in slabosti, ki jih ni bilo moč ozdraviti na noben posvetni način. Začel sem verjeti v sleherno vrstico in odlomek Svetega pisma. Tisti čas sem bil začetnik v veri, zato sem imel težave pri razumevanju določenih delov Svetega pisma. Vendar zapovedi, ki sem jih razumel, sem izpolnjeval do potankosti. Sveto pismo denimo pravi, da ne smemo lagati, zato sem si rekel: "Laganje je greh. Sveto pismo mi narekuje, da ne smem lagati, zato ne bom lagal." Prav tako sem molil: "Moj Bog, pomagaj mi izkoreniniti nenamerno laganje!" Dejansko ni šlo za to, da bi zavajal ljudi s hudobnim srcem, a sem kljub temu neomajno molil, da bi prenehal nenamerno lagati.

Mnogi ljudje lažejo in se tega sploh ne zavedajo. Ko vas po telefonu pokliče nekdo, s katerim ne bi želeli govoriti, ali ste kdaj nonšalantno prosili vaše otroke, sodelavce ali prijatelje, naj "tej osebi sporočijo, da ste odsotni"? Mnogi lažejo iz "uvidevnosti" do drugih. Denimo ko so na obisku in jih nekdo vpraša, če bi želeli kaj pojesti ali popiti. Četudi niso nič pojedli oz. so žejni, nekateri gostje, ki ne želijo biti v breme, pogosto odgovorijo svojim gostiteljem: "Ne, hvala. Jedla (pila) sem, preden sem prišla sem." Vendar, ko sem spoznal, da je tudi takšno dobronamerno laganje še vedno laganje, sem molil neprenehoma, da bi izkoreninil vso laganje, vključno z nenamernimi lažmi.

Še več, napisal sem seznam vsega hudobnega in grešnega, kar moram odpraviti, in nato sem molil. In šele, ko sem bil trdno prepričan, da sem odpravil eno hudobijo oz. grešno navado ali dejanje, sem črtal to dejanje s seznama z rdečim pisalom. Če je obstajalo kaj hudobnega in grešnega, česar nisem mogel zlahka odpraviti tudi po odločni molitvi, sem se začel nemudoma postiti. Če nisem bil uspešen po tridnevnem postu, sem post podaljšal na pet dni. Če sem ponovil enak greh, sem nemudoma opravil sedemdnevni post. Toda le redko sem se moral postiti poln teden dni, saj sem večino stvari uspel izkoreniniti že s tridnevnim postom. Po tem postopku, ko sem tako odpravljal hudobijo iz svojega srca, sem postopoma postal čedalje čistejša posoda.

Tri leta po tem, ko sem srečal Gospoda, sem odvrgel prav vse, kar je bilo nepokorno pred Božjo besedo, in v Božjih očeh postal čista posoda. Ker sem zvesto in marljivo izpolnjeval vse zapovedi, sem v zelo kratkem času uspel zaživeti po Njegovi besedi. Ko sem se tako preoblikoval v čisto posodo, me je Bog obilno blagoslovil. Moja družina je bila blagoslovljena z zdravjem. Takoj sem lahko odplačal vse dolgove. Prejemal sem tako fizične kot duhovne blagoslove. Sveto pismo nam namreč zagotavlja naslednje: "Ljubi, če pa nas naše srce ne obsoja, smo z Bogom zaupni in dobimo od Njega, kar Ga prosimo, ker se držimo Njegovih zapovedi in delamo, kar Mu je všeč" (1 Janez 3:21-22).

Drugič - da bi postali posoda, bolj čudovita od dragulja, morate biti "pretopljeni z ognjem" in osvetljevati duhovno luč.

Dragoceni dragi kamni na prstanih in verižicah so bili nekoč nečisti, a so jih nato loščilci dodelali in so začeli odsevati čudovite barve.

Tako kot ti vešči loščilci režejo, loščijo in z ognjem prečistijo te drage kamne in jih spremenijo v čudovite oblike z veliko blišča, tako tudi Bog disciplinira Svoje otroke. Bog tega ne počne zaradi njihovih grehov, ampak jih želi skozi discipliniranje fizično in duhovno blagosloviti. V očeh Njegovih otrok, ki niso grešili ali storili kaj krivičnega, se morda zdi, da morajo trpeti bolečino in preizkušnje, a v resnici gre za proces, skozi katerega Bog uri in disciplinira Svoje otroke, da bi ti lahko osvetljevali bolj čudovite barve in sijaj. 1 Peter 2:19 nas opominja: "Kajti to, da kdo po krivici trpi, a bridkosti prenaša, ker se zaveda Boga, je hvalevredno." Prav tako piše, "... da bo preizkušenost vaše vere veljala več kakor zlato, ki je minljivo, pa se v ognju preizkuša, vam v hvalo, slavo in čast, ko se bo razodel Jezus Kristus." (1 Peter 1:7).

Četudi so Božji otroci že izkoreninili vse oblike hudobije in postali posvečene posode, jih bo Bog v Svojem trenutku discipliniral in preizkušal, zato da bi izstopili kot posode, bolj čudovite od draguljev. Kot pravi 1 Janez 1:5: "Bog je luč in v njem ni nobene teme." Bog je veličastna luč brez vsake pomanjkljivosti ali madeža, zato vodi Svoje otroke do enake luči. Zatorej, ko enkrat z dobroto in ljubeznijo premagate vse od Boga poslane preizkušnje, takrat boste postali bolj bleščeča in čudovita posoda. Nivo duhovne oblasti in moči se razlikuje v skladu s svetlostjo duhovne luči. Poleg tega, kadar duhovna luč sveti, sovražnik hudič in Satan nima prostora in ne more biti prisoten.

9. poglavje Markovega evangelija opisuje prizor, v katerem Jezus izžene zlega duha iz dečka, katerega oče je prosil Jezusa za sinovo ozdravljenje. Jezus zapreti nečistemu duhu z besedami: "Nemi in gluhi duh, ukazujem ti: Pojdi iz njega in ne vstopi več vanj!" (25. vrstica). Zlobni duh tedaj zapusti dečka in ta nemudoma ozdravi. Pred tem prizorom je oče pripeljal sina pred Jezusove učence, a ti niso uspeli izgnati zlega duha. Razlog je bil ta, ker se je moč duhovne luči učencev razlikovala od Jezusove.

Kaj moramo potem storiti, da bi dosegli Jezusovo stopnjo

luči? V preizkušnjah smo lahko zmagoslavni le tedaj, ko neomajno verujemo v Boga, premagujemo zlo z dobrim, in ljubimo celo sovražnike. Posledično, ko bodo naša dobrota, ljubezen in pravičnost veljale za iskrene, bomo lahko kot Jezus izganjali zle duhove ter ozdravljali vse bolezni in slabosti.

Blagoslovi za posode, ki so bolj čudovite od draguljev

Na svoji poti vere sem skozi leta prestal številne preizkušnje. Pred nekaj leti sem denimo po obtožbi neke televizijske postaje šel čez preizkušnjo, ki je bila boleča in neznosna kakor smrt. Kot posledica so me izdali ljudje, ki so preko mene prejeli milost, in številni drugi, ki sem jih dolga leta smatral za izjemno tesne prijatelje.

V očeh posvetnih ljudi sem postal predmet nesporazuma in tarča obsojanja, hkrati pa je trpelo veliko članov Manmina in so bili po krivem preganjani. A naposled smo vsi skupaj s člani Manmina premagali to preizkušnjo z dobroto, ko smo vse predali v roke Bogu ter prosili ljubečega in milostljivega Boga za njihovo odpuščanje.

Osebno nisem sovražil niti zapustil tistih, ki so mi obrnili hrbet in mi zagrenili življenje. V primežu te neznosne preizkušnje sem zvesto veroval, da me moj Oče Bog ljubi. Le tako sem se lahko z dobroto in ljubeznijo soočil s tistimi, ki so mi storili hudo. Tako kot študent prejme priznanje za trdo delo skozi preizkus znanja, tako me je Bog — potem ko sem prejel Njegovo priznanje moje vere, dobrote, ljubezni in pravičnosti — bogato blagoslovil, da sem lahko še toliko izraziteje razodeval in manifestiral Njegovo moč.

Po končani preizkušnji je Bog odprl vrata, skozi katera naj bi izpolnil svetovno poslanstvo. Bog je deloval na način, da se je na mojih shodih v tujini zbiralo tisoče, stotisoče in celo milijoni ljudi, in Bog me je ves čas spremljal s Svojo močjo, ki presega omejitve časa in prostora.

Duhovna svetloba, s katero nas Bog obdaja, je bolj bleščeča

in čudovita kot katerikoli dragulj tega sveta. Bog smatra tiste Svoje otroke, ki jih obdaja duhovna svetloba, za posode, bolj čudovite od drageljev.

V imenu Gospoda Jezusa Kristusa molim, da bi vsi vi hitro dosegli posvečenost in postali posode, ki osvetljujejo duhovno svetlobo in so bolj čudovite od draguljev, da bi lahko vodili blaženo življenje in prejeli vse, za kar boste prosili.

4. sporočilo
Luč

1 Janez 1:5

To pa je oznanilo,
ki smo ga slišali od Njega
in vam ga oznanjamo:
Bog je Luč
in v Njem ni nobene teme

Poznamo veliko različnih vrst luči in vsako krasijo edinstvene lastnosti. Predvsem pa luč osvetljuje temo, prinaša toplino ter uničuje škodljive bakterije in glive. Sončna svetloba preko fotosinteze ohranja rastline pri življenju. Vendar obstajata fizična svetloba, ki jo vidimo s prostimi očmi in dotikom, in duhovna svetloba, ki je ne moremo videti ali občutiti. In tako kot ima fizična svetloba svoje lastnosti, tako ima tudi duhovna svetloba neizmerno število lastnosti. Ko ponoči posveti luč, se tema nemudoma umakne.

In enako, ko duhovna luč zasveti v našem življenju, duhovna tema hitro izgine, medtem ko hodimo v Božji ljubezni in milosti. Ker je duhovna tema vir bolezni in težav v družini, na delu in v naših razmerjih, v njeni prisotnosti ne moremo najti resničnega miru. Kadar pa naša življenja osvetljuje duhovna svetloba, takrat bodo uslišane vse naše želje in odpravljene bodo težave, ki presegajo meje človeškega znanja in spretnosti.

Duhovna luč

Kaj je duhovna luč in kako deluje? 1 Janez 1:5 pravi: "Bog je luč in v Njem ni nobene teme." In Janez 1:1 pravi: "Beseda je bila Bog." Če povzamemo: "luč" se nanaša ne le na Boga Samega, ampak tudi Njegovo besedo, ki je resnica, dobrota in ljubezen. Še pred stvarjenjem vseh reči je Bog obstajal sam v vsej prostranosti vesolja in si ni nadel nobene podobe. Bog je ohranjal celotno vesolje v obliki združene svetlobe in zvoka. Celotno vesolje je obdajala bleščeča, veličastna in čudovita svetloba, in iz te svetlobe je izhajal eleganten, jasen in zveneč glas.

Bog, ki je obstajal kot svetloba in zvok, je nato izdelal načrt previdnosti vzgoje človeštva, da bi pridobil prave otroke. Tedaj si je nadel podobo, se izoblikoval v Trojico ter ustvaril človeštvo v Svoji lastni podobi. Toda bistvo Boga še naprej ostajata svetloba in zvok, in Bog še naprej deluje skozi svetlobo in glas. Čeprav biva v podobi človeka, ta Njegova podoba kljub temu zajema svetlobo in glas Njegove neskončne moči.

Ta duhovna luč oz. svetloba pa zraven Božje moči nosi tudi

druge elemente resnice, vključno z ljubeznijo in dobroto. Šestinšestdeset knjig Svetega pisma predstavlja zbirko resnic duhovne luči, ki jih izgovarjamo preko glasu. Povedano drugače, "luč" oz. "svetloba" se nanaša na vse zapovedi in vrstice v Svetem pismu, ki govorijo o dobroti, pravičnosti in ljubezni, vključno z "ljubite drug drugega", "molite neprenehoma", "posvečujte gospodov dan", "izpolnjujte deset Božjih zapovedi", in podobno.

Hodite v luči, da bi srečali Boga

Medtem ko Bog vlada svetu luči, sovražnik hudič in Satan vlada svetu teme. Ker pa sovražnik hudič in Satan nasprotuje Bogu, vsi tisti ljudje, ki živijo v svetu teme, ne morejo srečati Boga. Zatorej, če želite srečati Boga in prejeti rešitev za vaše življenjske težave, morate nemudoma izstopiti iz sveta teme in vstopiti v svet luči.

V Svetem pismu najdemo veliko zapovedi "delaj". Te vključujejo zapovedi, kot so "ljubite drug drugega", "služite drug drugemu", "molite", "bodite hvaležni", in podobno. Prav tako najdemo veliko zapovedi "izpolnjuj", vključno z "posvečuj Gospodov dan", "izpolnjuj deset Božjih zapovedi", "izpolnjuj Božje zapovedi", in podobno. Potem imamo zapovedi "ne delaj", vključno z "ne laži", "ne sovraži", "ne išči lastnih koristi", "ne malikuj", "ne kradi", "ne zavidaj", "ne bodi ljubosumen", "ne obrekuj", in podobno. In nazadnje so tukaj še zapovedi "odpravi", ki vključujejo zapovedi "odpravi vse oblike hudobije", "odpravi zavist in ljubosumje", "izkorenini pohlep", in podobno.

Po eni strani izpolnjevanje teh Božji zapovedi pomeni, da živimo v luči ter odsevamo podobnost Gospoda in našega Očeta Boga. Po drugi strani pa, v kolikor niste poslušni Bogu in ne izpolnjujete vsega, kar vam Bog naroči, in če počnete tisto, kar vam Bog prepoveduje, in če ne odpravite tistega, kar vam Bog naroči odpraviti, potem boste še naprej ostajali v temi. Zato je pomembno vedeti, da neposlušnost Božji besedi pomeni, da živimo v svetu teme, kateremu vlada sovražnik hudič in Satan, medtem ko bi morali vedno živeti po Njegovi besedi in hoditi v luči.

Kadar hodimo v luči, živimo v občestvu z Bogom

Kot pravi 1 Janez 1:7: "Če pa hodimo v luči, kakor je v luči On Sam, smo med seboj v občestvu." Samo kadar hodimo in bivamo v luči, lahko rečemo, da smo v občestvu z Bogom.

Tako kot so v občestvu oče in njegovi otroci, tako moramo biti tudi mi v občestvu z Bogom, Očetom naših duhov. A če želimo doseči in ohranjati občestvo z Njim, moramo najprej izpolnjevati en pogoj: odvreči moramo greh, tako da hodimo v luči. Zato velja, da "če rečemo, da smo v občestvu z Njim, pa kljub temu hodimo v temi, lažemo in ne ravnamo v skladu z resnico" (1 Janez 1:6).

"Občestvo" pa ni enostransko. Če nekoga poznate, to še ne pomeni, da ste v občestvu s to osebo. Šele ko se oba dovolj zbližata, da se poznata, si zaupata in se zanašata drug na drugega, šele takrat se lahko razvije "občestvo" med vama.

Večina nas na primer pozna predsednika oz. kralja države. Pa vendar naj še tako dobro poznate vašega predsednika, v kolikor on ne pozna vas, ni nobenega občestva med vami in predsednikom. Poleg tega obstajajo različne globine občestva. Lahko sta zgolj znanca; lahko sta dovolj tesna kolega, da se občasno pozdravita in vprašata, kako gre drugemu in njegovi družini; ali pa sta tako intimna prijatelja, da si delita celo tiste najgloblje skrivnosti.

Enako velja za občestvo z Bogom. Da bi se vaš odnos z Bogom prelevil v resnično občestvo, vas mora Bog poznati in priznavati. Če gojimo globoko občestvo z Bogom, ne bomo nikoli zboleli ali postali šibki, in uslišane bodo vse naše prošnje. Bog si želi zagotoviti vse najboljše Svojim otrokom, zato nam tudi pravi v 28. poglavju Devteronomija, da kadar smo v popolnosti poslušni Bogu in skrbno izpolnjujemo vse Njegove zapovedi, takrat bomo blagoslovljeni ob prihodu in blagoslovljeni ob odhodu; posojali bomo drugim, sami pa ne bomo jemali na pósodo; in Gospod nas bo naredil za glavo in ne za rep.

Očetje vere, ki so vzgojili resnično občestvo z Bogom

Kakšno občestvo je z Bogom gojil David, katerega je Bog smatral za "moža po Svojem srcu"(Apostolska dela 13:22)? David je ljubil, se bal in se v celoti zanašal na Boga v vseh trenutkih. Ko je bežal pred Savlom ali se odpravljal na bojišče — je kakor otrok, ki sprašuje svoje starše, kaj mu je storiti — David vselej spraševal Boga "Naj grem? Kam naj grem?" in nato ravnal tako, kot mu je Bog naročil. Bog je Davidu vselej odgovarjal z nežnimi in jasnimi odgovori, in ker je David storil tako, kakor mu je Gospod zapovedal, je dosegal zmago za zmago (2 Samuel 5:19-25).

David je užival čudovito občestvo z Bogom, saj je s svojo vero ugajal Bogu. Na primer, zgodaj v obdobju vladanja kralja Savla so Filestejci napadli Izrael. Filestejce je vodil Goljat, ki je zaničeval Izraelovo vojsko ter preklinjal in nasprotoval Božjemu imenu. Toda nihče iz Izraelovega tabora si ni drznil izzvati Goljata. Takrat je, čeprav je bil še mlad mož, David izzval Goljata s svojo palico in petimi gladkimi kamni iz potoka, saj je trdno veroval v vsemogočnega Boga Izraela in da se bitke odvijajo po Božji volji (1 Samuel 17). Bog je deloval tako, da je Davidov kamen zadel

Goljatovo čelo in je ta padel z obrazom na zemljo. Po Goljatovi smrti se je zgodil preobrat in Izrael je dosegel veliko zmago.

Na račun trdne vere je bil David od Boga označen za "moža po Svojem srcu", in kakor oče in sin, ki gojita tesen odnos, je David dosegel vse reči z Bogom na njegovi strani.

Sveto pismo nas prav tako uči, da je Bog govoril z Mojzesom iz oči v oči. Ko je Mojzes drzno prosil Boga, naj mu pokaže Svoj obraz, mu je Ta radostno ustregel. Kako je lahko Mojzes razvil tako tesno in intimno občestvo z Bogom?

Kmalu potem, ko je Mojzes povedel Izraelce iz Egipta, se je postil in komuniciral z Bogom polnih štirideset dni na Sinajski gori. Ko se Mojzes ni pravočasno vrnil, so Izraelci izdelali podobo Boga in začeli malikovati. Bog je vpričo tega Mojzesu sporočil, da bo pokončal Izraelce in iz Mojzesa napravil velik narod (Eksodus 32:10).

Takrat je Mojzes prosil pri Bogu: "Odvrni se od Svoje togotne jeze in naj Ti bo žal zaradi hudega, ki Si ga namenil Svojemu ljudstvu!" (Eksodus 32:12). Naslednji dan je znova rotil

Boga: "Oh, to ljudstvo je zagrešilo velik greh: naredili so si bogove iz zlata. Vendar zdaj, ko bi Ti odpustil njihov greh! Če pa ne, izbriši, prosim, mene iz Svoje knjige, ki Si jo napisal!" (Eksodus 32:31-32) To so izredno čudovite in iskrene molitve iz ljubezni!

Povrh tega Numeri 12:3 pravijo: "Mož Mojzes pa je bil zelo ponižen mož, bolj kot vsi ljudje na površju zemlje." Numeri 12:7 pravijo: "Ni pa tako z mojim služabnikom Mojzesom; temu sem zaupal vso svojo hišo." Mojzes je v svoji veliki ljubezni in s ponižnim srcem ostajal zvest v vsej Božji hiši in posledično užival intimno občestvo z Bogom.

Blagoslovi za ljudi, ki hodijo v Luči

Jezus, ki je prišel na ta svet kot luč sveta, je oznanjal izključno samo resnico in nebeški evangelij. Vendar ljudje v svetu teme, ki so pripadali sovražniku hudiču, nikakor niso razumeli luči, tudi ko jim je ta bila pojasnjena. V njihovem nasprotovanju ljudje iz sveta teme niso sprejeli luči niti odrešenja, temveč so zašli na pot uničenja.

Ljudje dobrega srca sprevidijo svoje grehe, se pokesajo in dosežejo odrešenje po luči resnice. Sledijo poželenjem Svetega Duha in vsakodnevno rojevajo duha in hodijo v luči. Pomanjkanje modrosti ali zmožnosti zanje ne predstavlja več nobene težave. Ti ljudje bodo vzpostavili tesno zvezo z Bogom, ki je luč, ter prejeli glas in vodstvo Svetega Duha. Takrat jim bo šlo dobro v življenju in prejemali bodo modrost iz nebes. Tudi če se znajdejo v težavah, ki so prepredene kakor pajkova mreža, jih ne bo nič odvrnilo od tega, da premagajo te težave in nadaljujejo po poti luči, saj jih bo Sveti Duh osebno vodil pri vsakem koraku.

1 Korinčanom 3:18 nas spodbuja: "Nihče naj se ne vara! Če kdo izmed vas misli, da je moder v tem svetu, naj postane nor, da postane moder." Zavedati se moramo, da je posvetna modrost dejansko norost v Božjih očeh.

Jakob 3:17 nam pravi: "Modrost pa, ki je od zgoraj, je najprej čista, nato miroljubna, prizanesljiva, dovzetna, polna usmiljenja in dobrih sadov, brez razločevanjain hinavščine." Ko dosežemo posvečenost in stopimo v luč, se bo nad nas spustila modrost od zgoraj. In ko hodimo v luči, bomo dosegli točko, ko bomo srečni tudi v občutku pomanjkanja, kot tudi v resničnem pomanjkanju.

V Pismu Filipljanom 4:11 apostol Pavel izpoveduje: "Tega ne pravim, ker bi mi česa manjkalo, saj sem se navadil, da sem zadovoljen v vsakršnem položaju." Če hodimo v luči, bomo dosegli Božji mir, iz katerega bosta izvirala mir in radost ter se razlivala znotraj nas. Ljudje, ki živijo v miru z drugimi, se ne prerekajo in niso sovražni do svoje družine. Ljubezen in milost namreč preplavljata njihova srca in posledično njihova usta bruhajo le izpovedi hvaležnosti.

Poleg tega nam Bog v tretjem Janezovem pismu 1:2 pravi: "Ljubi, prosim Boga, da bi ti šlo v vsem dobro in bi bil zdrav, kakor gre dobro tvoji duši." Kadar hodimo v luči in odsevamo bogopodobnost, bomo zagotovo deležni ne le blagoslovov blaginje, temveč tudi blagoslove oblasti, zmožnosti in moči Boga, ki je Luč.

Ko je Pavel srečal Gospoda in hodil v luči, mu je Bog omogočil manifestirati osupljivo moč kot apostol poganov. Četudi Štefan in Filip nista bila preroka ali Jezusova učenca, je

Bog kljub temu močno deloval skozi njiju. V Apostolskih delih 6:8 spoznamo: "Štefan pa je bil poln milosti in moči in je delal velike čudeže in znamenja med ljudmi." In Apostolskih dela 8:6-7 dodajajo: "Množice so enodušno prisluhnile Filipovim besedam. Poslušale so ga in gledale znamenja, ki jih je delal: veliko obsedencev so z glasnim krikom zapustili nečisti duhovi, veliko hromih in pohabljenih je bilo ozdravljenih."

Človek lahko manifestira Božjo moč do te mere, do katere je dosegel posvečenost s hojo v luči in je podoben Gospodu. Skozi zgodovino je le peščica ljudi manifestirala Božjo moč. In tudi med tem ljudmi, ki so kazali Njegovo moč, se je razsežnost te moči razlikovala od posameznika do posameznika v skladu s tem, kako močno je oseba odsevala podobo Boga, ki je luč.

Ali živim v luči?

Da bi prejeli prekrasen blagoslov, ki se podarja tistim, ki hodijo v luči, mora vsak izmed nas najprej izprašati in preveriti samega sebe: "Ali živim v luči?"

Četudi vas ne bremeni nobena specifična težava, morate še vedno preveriti pri sebi, če ste vodili "mračno" življenje v Kristusu, ali če morda niste slišali in bili vodeni s strani Svetega Duha. Če je temu tako, se morate nemudoma prebuditi iz vašega duhovnega spanca.

Če ste izkoreninili določeno količino hudobije, se s tem ne smete zadovoljiti; tako kot otrok dozori v odraslo osebo, tako morate tudi vi doseči vero očetov. Z Bogom morate doseči tesen odnos in intimno občestvo.

Če tečete posvečenosti naproti, morate pri sebi zaznati tudi tiste najmanjše ostanke hudobije in jih izkoreniniti. Več ko imate oblasti in višji ko je vaš položaj, večja je vaša odgovornost, da vselej najprej služite drugim in se zavzemate za njihove interese. Kadar drugi, vključno s tistimi, ki so pod vami, izpostavijo vaše napake, jih morate znati upoštevati. Namesto, da bi čutili zamero oz. nelagodje in bi odtujili ljudi, ki so zašli s poti in počnejo hudobije, jih morate znati tolerirati z ljubeznijo in prijaznostjo ter se dotakniti njihovega srca. Nikogar ne smete zapostaviti ali zaničevati, kot tudi ne zanemarjati v lastni samopravičnosti, saj bi tako lahko prelomili mir.

Osebno izkazujem več ljubezni mlajšim, revnejšim in šibkejšim ljudem. Kot starši, ki še bolj skrbno ravnajo s svojimi šibkimi in obolelimi otroki, tudi sam še toliko bolj molim za ljudi v takšnih položajih, jih nikoli ne zapostavljam in jim vedno služim iz samega jedra svojega srca. Kdor hodi v luči, mora kazati sočutje tudi do tistih ljudi, ki so zagrešili veliko slabega, ter jim znati odpustiti in prikriti njihove napake, ne izpostavljati njihove krivde.

Tudi kadar opravljate Božje delo, ne smete nikoli poudarjati svojih lastnih zaslug ali dosežkov, istočasno pa morate priznavati trud drugih ljudi, s katerimi sodelujete. Ko tako priznavate njihov trud in jih hvalite, morate biti srečni in radostni pri sebi.

Si predstavljate, kako močno mora Bog ljubiti tiste Svoje otroke, katerih srca so močno podobna srcu Gospoda? Tako kot je hodil s Henohom tristo let, tako Bog hodi z otroki, ki so Mu podobni. Povrh tega jih blagoslavlja ne le z zdravjem in uspehi v življenju, temveč nanje izliva tudi Svojo moč, preko katere jih uporablja kot dragocene posode.

Zatorej molim v imenu Gospoda Jezusa Kristusa, da četudi ste prepričani v svojo vero in ljubezen do Boga, da bi ponovno preverili, kolikšen del vaše vere in ljubezni Bog dejansko priznava, in bi hodili v luči, da bi skozi življenje izžarevali dokaze o Njegovi ljubezni in občestvu z Njim.

5. sporočilo
Moč luči

1 Janez 1:5

To pa je oznanilo,
ki smo ga slišali od Njega
in vam ga oznanjamo:
Bog je Luč
in v Njem ni nobene teme

V Svetem pismu najdemo veliko primerov, ko so številni ljudje prejeli odrešenje, ozdravljenje in uslišanje po mogočnem delovanju Božje moči preko Njegovega Sina Jezusa. Na Jezusovo zapoved so bile nemudoma ozdravljene različne bolezni in slabosti. Slepi so spregledali, nemi so spregovorili in gluhi so pridobili sluh. Ozdravljen je bil možakar s suho roko in hromi so začeli ponovno hoditi. Izgnani so bili zli duhovi in umrli so bili obujeni.

Ta neverjetna dela Božje moči pa se niso razodevala samo preko Jezusa, temveč tudi preko številnih prerokov v času Stare zaveze in apostolov v času Nove zaveze. Seveda Jezusovega razodevanja Božje moči ne moremo enačiti z močjo, ki so jo razodevali preroki in apostoli, vseeno pa drži, da je ljudem, ki so bili podobni Jezusu in Bogu Samemu, Bog dal moč in jih uporabil kot Svoje posode. Bog, ki je luč, je manifestiral Svojo moč skozi diakone, kot sta bila Štefan in Filip, saj sta dosegla posvečenost, tako da sta hodila v luči in odsevala podobnost Gospodu.

Apostol Pavel je manifestiral tolikšno moč, da so ga imeli za "boga"

Med vsemi liki iz Stare zaveze Pavlovo izkazovanje Božje moči uvrščamo na drugo mesto, takoj za Jezusom. Evangelij — oznanila oblasti, ki so jih spremljala znamenja in čudeži — je Pavel oznanjal poganom, ki niso poznali Boga. S to močjo je Pavel pričeval o Bogu kot resničnem božanstvu in Jezusu Kristusu.

Iz samega dejstva, da sta bila malikovanje in zaklinjanje tisti čas neobvladljiva, lahko sklepamo, da so med pogani morali biti takšni posamezniki, ki so slepili druge. Oznanjanje evangelija takšnim ljudem je zahtevalo delovanje Božje moči, ki je močno presegala moč lažnega zaklinjanja in delovanja zlih duhov (Rimljanom 15:18-19).

Od Apostolskih del 14:8 naprej najdemo prizor, v katerem

apostol Pavel oznanja evangelij v Listri. Ko je Pavel zapovedal možu, ki je bil že od rojstva hrom, naj vstane in se postavi se na noge, je ta poskočil in hodil (Apostolska dela 14:10). Ko so ljudje to videli, so izpovedali: "Bogova v človeški podobi sta se spustila med nas" (Apostolska dela 14:11). 28. poglavje Apostolskih del opisuje prizor, ko apostol Pavel pristane na Malti po brodolomu. Ko je Pavel nabral kup dračja in ga vrgel na ogenj, je od vročine iz dračja švignila kača in se mu privila na roko. Ko so domačini to videli, so pričakovali, da mu bo roka otekla ali da se bo hipoma zgrudil mrtev, a ko so naposled videli, da se mu ni zgodilo nič hudega, so spremenili svoje mnenje in ga oklicali za boga (6. vrstica).

Apostol Pavel je gojil srce, ki je bilo vredno v očeh Boga, zato je lahko kazal dela Njegove moči celo do te mere, da so ga ljudje imeli za "boga".

Moč Boga, ki je Luč

Moč se daje ne zato, ker bi si nekdo tega želel, pač pa se daje le tistim, ki so podobni Bogu in so dosegli posvečenost. Bog še danes išče ljudi, katerim bi lahko podelil Svojo moč in jih uporabil kot posode slave. Prav zato nas Marko 16:20 opominja: "Oni pa so šli in povsod oznanjali in Gospod je z njimi sodeloval ter besedo potrjeval z znamenji, ki so jih spremljala." Tudi Jezus pravi v Janezu 4:48: "Če ne vidite znamenj in čudežev, ne verujete."

Da bi vodili množice do odrešenja, je potrebna moč z neba, ki lahko manifestira znamenja in čudeže, ki nato pričujejo o živem Bogu. Znamenja in čudeži so še toliko bolj potrebna v času, ko se greh in hudobija nezadržno širita.

Ko hodimo v luči in postanemo eno v duhu z Očetom Bogom, takrat lahko kažemo tolikšno moč, kot jo je kazal Jezus. Naš Gospod nam je namreč obljubil naslednje: "Resnično, resnično, povem vam: Kdor veruje Vame, bo dela, ki jih Jaz opravljam, tudi sam opravljal, in še večja kot ta bo opravljal, ker grem Jaz k Očetu" (Janez 14:12).

Če nekdo manifestira takšno moč duhovnega sveta, kakršno si lahko lasti le Bog, potem ga je treba priznavati kot Boga. Kakor nas opominjajo Psalmi 62:11: "Eno je Bog govoril, to dvoje sem slišal: da je moč pri Bogu." Sovražnik hudič in Satan si ne more lastiti takšne moči, ki pripada Bogu. Seveda, kot duhovno bitje sovražnik hudič in Satan poseduje visoko moč, da lahko zavaja ljudi in jih priganja k nasprotovanju Bogu. A dejstvo nedvomno ostaja: nobeno drugo bitje ne more posnemati Božje moči, s katero Bog vlada nad življenjem, smrtjo, blagoslovom, prekletstvom in zgodovino človeštva, ter ustvarja iz nič. Moč pripada svetu Boga, ki je luč, in jo lahko manifestirajo le tisti, ki so dosegli posvečenost in mero vere Jezusa Kristusa.

Razlike med Božjo oblastjo, sposobnostjo in močjo

Ko govorimo oz. se nanašamo na sposobnost Boga, ljudje pogosto enačijo oblast in sposobnost, ali sposobnost in moč; toda v resnici obstaja jasna razlika med temi tremi pojmi.

"Sposobnost" je moč vere, s katero je nekaj, kar je nemogoče za človeka, mogoče za Boga. "Oblast" je dostojanstvena, vzvišena in veličastna moč, ki jo je vzpostavil Bog, in v duhovnem svetu brezgrešnost pomeni moč. Povedano drugače: oblast je posvečenost kot takšna, in posvečeni Božji otroci, ki so temeljito izkoreninili hudobijo in neresnico v svojih srcih, lahko prejmejo duhovno oblast.

In kaj je potem "moč"? Ta se nanaša na sposobnost in oblast Boga, ki ju Bog podarja tistim, ki so se izognili vseh oblik hudobije in postali posvečeni.

Vzemimo naslednji primer. Če ima voznik "sposobnost" voziti neko vozilo, potem ima prometni policist, ki usmerja promet, "oblast", da lahko zaustavi katerokoli vozilo. Ta oblast - da lahko ustavi in pošlje nazaj v promet vsako vozilo - je bila dodeljena policistu s strani vlade. Potemtakem, četudi ima voznik "sposobnost" voziti vozilo, se mora ustaviti oz. upoštevati ukaze policista, kajti sam namreč nima "oblasti" prometnega policista.

Na ta način se razlikujeta oblast in sposobnost, in ko ju združimo, temu pravimo moč. V Mateju 10:1 piše: "Poklical je k sebi Svojih dvanajst učencev in jim dal oblast nad nečistimi duhovi, tako da so jih izganjali in ozdravljali vsako bolezen in vsako slabost." Moč prinaša s seboj tako "oblast" za izganjanje zlih duhov, kot tudi "sposobnost" za zdravljenje bolezni in slabosti.

Razlika med darom ozdravljanja in močjo

Tisti, ki niso seznanjeni z močjo Boga, ki je luč, pogosto enačijo to moč z darom ozdravljanja. Dar ozdravljanja iz 1 Korinčanom 12:9 se nanaša na zdravljenje virusnih obolenj in ne more zdraviti gluhosti in nemosti, ki sta posledica propadanja telesa oz. smrti živčnih celic. Takšni primeri bolezni in slabosti so lahko ozdravljeni le z Božjo močjo in po molitvi z vero, ki ugaja Bogu. Poleg tega se Božja moč manifestira ves čas, medtem ko dar ozdravljanja ne deluje vedno.

Po eni strani Bog daje dar ozdravljanja tistim - ne glede na stopnjo posvečenosti njihovega srca - ki veliko molijo in ljubijo druge ljudi in njihove duhove, in ki jih Bog smatra za drzne in koristne posode. Jasno, če se izkaže, da dar ozdravljanja ni bil uporabljen v Njegovo slavo, ampak na neprimeren način in za posameznikove lastne koristi, bo Bog osebi odvzel dar ozdravljanja.

Po drugi strani pa se Božja moč daje le tistim, ki so dosegli posvečenost srca; in ko je moč enkrat dana, ta nikoli ne oslabi ali izgine, saj je prejemnik ne bo nikoli zlorabil v svojo lastno korist. Prav nasprotno: bolj ko posameznik odseva podobnost srca Gospoda, višja moč mu bo podarjena od Boga. Če srce in vedenje posameznika postaneta eno z Gospodom, lahko ta manifestira celo dela Božje moči, ki jih je opravljal sam Jezus.

Božja moč se manifestira na različne načine. Dar ozdravljanja ne more zdraviti hudih ali redkih bolezni in hkrati je z darom ozdravljanja veliko težje ozdraviti ljudi s šibko vero. Medtem pa z močjo Boga, ki je luč, nič ni nemogoče. Ko bolnik izkaže že najmanjši dokaz svoje vere, nemudoma nastopi ozdravljenje z Božjo močjo. "Vera" se tukaj nanaša na duhovno vero, s katero človek veruje iz globin svojega srca.

Štiri stopnje moči Boga, ki je luč

*"Dneve in noči sem točil solze.
In še bolj me je prizadelo,
ko so ljudje name gledali
kot na 'otroka z AIDSom.'"*

*Gospod me je ozdravil
z Njegovo močjo
in mojo družino blagoslovil s srečo.
Zdaj sem neizmerno srečen!*

Esteban Junika iz Hondurasa, ki je bil ozdravljen AIDSa.

Preko Jezusa Kristusa, ki ostaja enak včeraj kot danes, bo Njegovo moč manifestiral vsak, ki velja za primerno posodo v očeh Boga.

Pri manifestaciji Božje moči pa obstaja več nivojev oz. stopenj. Bolj ko ste obrodili duha, višjo stopnjo moči boste prejeli. Ljudje, katerih duhovne oči so odprte, lahko vidijo različne stopnje osvetljenosti luči v skladu s posameznimi stopnjami Božje moči. Kot bitja lahko ljudje manifestirajo do največ četrto stopnjo Božje moči.

Prva stopnja moči se kaže v obliki manifestacije Božje moči skozi rdečo svetlobo, ki uničuje z ognjem Svetega Duha.

Ogenj Svetega Duha izhaja iz prve stopnje moči, ki se manifestira v obliki rdeče svetlobe, ki ožiga in zdravi bolezni, vključno z bakterijskimi in virusnimi obolenji. Z Božjo močjo so lahko ozdravljene bolezni, kot so rak, pljučne bolezni, diabetes, levkemija, bolezni ledvic, artritis, bolezni srca in AIDS. To pa še ne pomeni, da je vse zgornje bolezni možno ozdraviti s prvo stopnjo moči. Prva stopnja moči ne bo zadostovala pri bolnikih,

ki so že prestopili prag življenja, ki ga je začrtal Bog, kot je denimo v primerih zadnjega stadija pljučnega raka ali pljučne bolezni.

Obnova telesnih delov, ki so bili poškodovani oz. ne funkcionirajo, zahteva višjo moč, ki ne le ozdravlja, temveč hkrati obnavlja telesne dele. V takšnem primeru bo stopnjo moči, s katero bo Bog manifestiral Svojo moč, določila izkazana vera bolnika, kot tudi vera njegovih družinskih članov v ljubezni do njega.

Od ustanovitve so se v Centralni cerkvi Manmin zvrstile že številne manifestacije Božje moči prve stopnje. Ko so ljudje poslušni Božji besedi in prejmejo molitev, so očiščeni bolezni vseh različnih oblik. Ko mi ljudje sežejo v roko ali se dotaknejo roba mojih oblačil; prejmejo molitev preko robcev, nad katerimi sem molil; in molitev preko avtomatskih telefonskih sporočil; ali kadar molim nad fotografijami bolnikov, smo znova in znova priče Božjemu ozdravljenju.

Prva stopnja moči pa ni omejena le na uničevanje z ognjem Svetega Duha. Ko nekdo moli v veri in prejme navdih, vodenje in polnost Svetega Duha, lahko ta posameznik za trenutek manifestira tudi višje delovanje Božje moči. Sicer gre za začasen pojav in ne trajno dodeljeno moč Boga, saj se ta pojavlja le takrat, ko je to primerno po Njegovi volji.

Druga stopnja moči se kaže v obliki manifestacije Božje moči skozi modro svetlobo

Malahija 4:2 pravi: "In vam, ki se Mojiga imena bojitè, bo Solnce pravice persijalo, in zdravje pod njegovimi perutami; in bote izhajali, in skakali kakor teleta izmed čede." Ljudje, katerih duhovne oči so odprte, lahko vidijo laserju podobne žarke zdravljenja.

Druga stopnja moči preganja temo in osvobaja ljudi, ki so obsedeni z demoni, pod oblastjo Satana, ter pod nadvlado različnih zlih duhov. S to močjo so ozdravljene različne duševne bolezni, ki jih prinašajo sile teme, vključno z avtizmom, živčnim zlomom, ipd.

Tovrstne bolezni je moč preprečiti, če se le vedno razveseljujemo in v vsemu zahvaljujemo. Če namesto, da ste vedno veseli in se zahvaljujete v vseh okoliščinah, postanete sovražni do drugih, gojite zamere, razmišljate negativno in ste vzkipljivi, potem boste veliko bolj ranljivi na te bolezni. Ko so izgnane sile Satana, ki ljudi spodbujajo k hudobnim mislim in hudobnemu srcu, takrat bodo vse duševne bolezni ozdravljene.

Od časa do časa so z Božjo močjo druge stopnje ozdravljene tudi fizične bolezni in slabosti. Takšne bolezni in slabosti, skovane s strani demonov in hudičev, so ozdravljene s svetlobo druge stopnje Božje moči. "Slabosti" se tukaj nanaša na degeneracijo in ohromelost telesnih delov, kot denimo v primeru tistih, ki so nemi, gluhi, pohabljeni, slepi, paralizirani od rojstva, ipd.

Od Marka 9:14 naprej naletimo na prizor, v katerem Jezus prežene nemega in gluhega duha iz dečka (25. vrstica). Deček je postal nem in gluh, ker ga je obsedel zlobni duh. Ko je Jezus izgnal duha, je deček nemudoma ozdravel.

In v isti meri, kadar je vzrok bolezni sila teme, vključno z demoni, morajo biti zli duhovi izgnani, da bi lahko bolnik ozdravel. Če kdo trpi prebavne težave kot posledica živčnega zloma, je potrebno izkoreniniti sam vzrok bolezni, tako da izženemo Satana. Pri boleznih, kot sta paraliza in artritis, je

*"Moj Bog!
Kako je to mogoče?
Kako je mogoče, da lahko hodim?"*

Starejša Kenijka je shodila po molitvi s prižnice

običajno prisotno delovanje sile teme in njeni ostanki. Včasih, čeprav medicinska diagnoza ne razkrije nobene fizične težave, ljudje trpijo za bolečino na različnih predelih telesa. Kadar molim za takšne ljudi, drugi ljudje z odprtimi duhovnimi očmi pogosto vidijo silo teme v obliki odvratnih živali, ki izhajajo iz bolnikovega telesa.

Poleg sile teme, ki spremlja bolezni in slabosti, lahko druga stopnja moči Boga, ki je luč, izganja tudi sile teme, ki jih najdemo doma, pri poslu in na delu. Kadar posameznik, ki manifestira drugo stopnjo Božje moči, obišče ljudi, ki trpijo preganjanje doma in težave pri poslu in na delu, ter izžene temo in se nad njih spusti svetloba, so ti ljudje deležni blagoslovov v skladu z njihovimi deli.

Obujanje mrtvih in končanje življenja po Božji volji sta prav tako delo druge stopnje Božje moči. V to kategorijo spadajo naslednji primeri: Pavlova obuditev Evtiha (Apostolska dela 20:9-12); primer Henanije in Safire, ki sta preslepila apostola Petra in po prekletstvu končala v smrti (Apostolska dela 5:1-11); ter primer, ko je Elizej preklel fantiče, kar se je prav tako končalo z njihovo smrtjo (2 Kralji 2:23-24).

"Še sama nisem želela videti svojega telesa,
ki je bilo v celoti opečeno…

Ko sem bila sama,
Je pristopil do mene,
iztegnil Svojo roko,
in me vzel v Svoje naročje…

Po Njegovi ljubezni in predanosti
sem prejela novo življenje…
Ali sploh obstaja kakšna stvar,
ki je ne bi naredila za Gospoda?"

Višja diakonica Eundeuk Kim,
ki je bila ozdravljena opeklin tretje stopnje
od glave do pete

Vendar obstajajo bistvene razlike med deli Jezusa in deli apostolov Pavla in Petra in preroka Elizeja. Zadnjo besedo ima vselej Bog, ki kot Gospod vseh duhov odloča o življenju ali smrti posameznika. A ker sta Jezus in Bog eno v svojem bistvu, je Jezusova volja istočasno Božja volja. Iz tega razloga je lahko Jezus obujal mrtve kar s Svojo besedo (Janez 11:43-44), medtem ko so preroki in apostoli morali prositi za Božjo voljo in Njegov blagoslov, da bi lahko nekoga obudili.

Tretja stopnja moči se kaže v obliki manifestacije Božje moči z belo oz. brezbarvno svetlobo, ki jo spremljajo različna znamenja in stvarjenja.

Na tretji stopnji moči Boga, ki je luč, prihaja do manifestacije vseh vrst znamenj in del stvarjenja. "Znamenja" se tukaj nanašajo na ozdravljenja, po katerih slepi spregledajo, nemi spregovorijo in gluhi ponovno slišijo. Pohabljeni vstanejo in začnejo hoditi, skrajšane noge se podaljšajo, in otroška ohromelost oz. cerebralna paraliza sta v celoti ozdravljeni. Od rojstva deformirani oz. povsem degenerirani deli telesa so obnovljeni.

Zdrobljene kosti so ponovno obnovljene, izoblikovane so manjkajoče kosti, kratki jeziki zrastejo, in tetive so znova povezane. Pravzaprav, ker se svetlobni žarki prve, druge in tretje stopnje Božje moči, manifestirajo istočasno na tretji stopnji, nobena bolezen in slabost ne predstavlja težave.

Četudi ima nekdo opekline od glave do pete, vključno z njegovimi tkivi in mišicami, ali če je del telesa prekuhan od vrele vode, lahko Bog vse povrne v zdravo stanje. Ker Bog ustvarja iz nič, lahko popravi ne le nežive predmete, kot so stroji, temveč tudi poškodovane dele človeškega telesa.

V Centralni cerkvi Manmin so preko molitvenih robcev in molitev, predvajanih preko avtomatskih telefonskih sporočil, pogosto obnovljeni notranji organi, ki ne funkcionirajo pravilno oz. so močno poškodovani. Obnovljena so močno poškodovana pljuča, ozdravijo ledvice in jetra bolnikov, ki so čakali na presaditev teh organov. Tako se na tretji stopnji Božje moči neprenehoma manifestira delovanje moči stvarjenja.

Treba pa je izpostaviti en faktor. Če je bilo obnovljeno delovanje slabotnega dela telesa, gre pri tem za delovanje prve stopnje Božje moči. Ko pa govorimo o obnovi dela telesa, ki ga ni bilo možno ozdraviti, takrat gre za delovanje tretje stopnje Božje moči oziroma moči stvarjenja.

Četrta stopnja moči se kaže v obliki manifestacije Božje moči z zlato svetlobo, pri čemer gre za izpolnitev moči.

Kot lahko sklepamo po delovanju moči, ki jo je manifestiral Jezus, četrta stopnja moči vrši oblast nad vsemi stvarmi, vlada nad vremenom in se ji uklanjajo celo nežive reči. Ko je v Mateju 21:19 Jezus preklel smokvino drevo, "se je ta pri priči posušila." Od Mateja 8:23 je opisan prizor, v katerem Jezus pomiri vihar in valove. Ko je Jezus zapovedal, se je pokorila celo narava in nežive stvari, kot so vetrovi in morje.

Jezus je nekoč naročil Petru, naj odrine na globoko in vrže mreže za lov, in ko je Peter to storil, so zajeli tako veliko količino rib, da so se jim mreže začele trgati (Luka 5:4-6). Spet v drugem primeru Jezus naroči Petru: "Pojdi k jezeru, vrzi trnek in potegni ven prvo ribo, ki se bo ujela. Odpri ji usta in našel boš statêr. Vzemi ga in jim ga daj Zame in zase" (Matej 17:24-27).

Ker je Bog ustvaril vse stvari v vesolju s Svojo besedo, se je

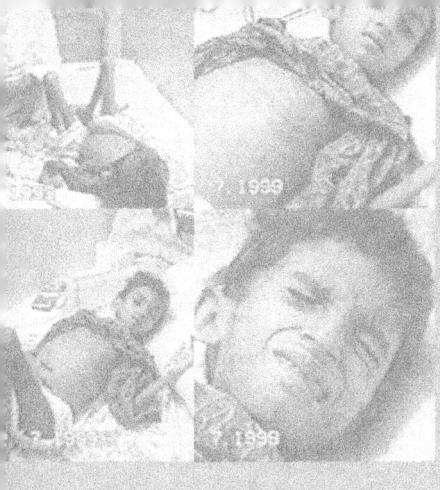

"Tako močno boli...
Tako močno boli,
da ne morem odpreti svojih oči...
Nihče ni razumel, kako se
počutim,
a Gospod je vedel vse
in me ozdravil."

Cynthia iz Pakistana,
ki je bila ozdravljena obstrukcije črevesja in celiakije

vesolje pokorilo, kadar je Jezus karkoli zapovedal vesolju. In enako velja, da ko enkrat posedujemo resnično vero, bomo verovali v obstoj resničnosti, v katere upamo, in prepričani v stvari, ki jih ne vidimo (Hebrejcem 11:1), in takrat nas bo obkrožala moč, ki vse ustvarja iz nič.

Na četrti stopnji Božje moči se manifestirajo dela, ki presegajo čas in prostor.

Med Jezusovim izkazovanjem Božje moči je nekaj takšnih del, ki so presegala čas in prostor. Od Marka 7:24 naprej je opisan prizor, ko neka ženska prosi Jezusa, da bi ozdravil njeno z demonom obsedeno hčer. Vpričo njene velike vere in ponižnosti je naposled Jezus rekel: "Zaradi te besede pojdi, demon je šel iz tvoje hčere" (29. vrstica). Ko se je ženska vrnila domov, je našla hčer ležati na postelji in demon je izginil.

Četudi Jezus ni osebno obiskal vsakega posameznega bolnika, se je zaradi njihove vere po Njegovem zapovedovanju zvrstilo veliko ozdravljenj, ki so presegala čas in prostor.

Jezusova hoja po vodi, kjer gre za moč, kakršno je posedoval le On, prav tako potrjuje dejstvo, da se prav vse v vesolju odvija pod Jezusovo oblastjo.

V Janezu 14:12 nam Jezus obljublja: "Resnično, resnično, povem vam: Kdor veruje Vame, bo dela, ki jih Jaz opravljam, tudi sam opravljal, in še večja kot ta bo opravljal, ker grem Jaz k Očetu." In kot nam je Jezus zagotovil, se v Centralni cerkvi Manmin danes razodevajo mogočna dela Božje moči.

Tako smo denimo priča številnim čudežem, po katerih se vreme spremeni na bolje. Na mojo molitev se močan dež ustavi v trenutku; temni oblaki se umaknejo; in jasno nebo nemudoma preplavijo oblaki. Bilo je tudi ogromno primerov, ko so se neživi predmeti pokorili moji molitvi. V primeru življenjsko nevarne zastrupitve z ogljikovim monoksidom si je nezavestna oseba minuto ali dve zatem povsem opomogla brez kakršnihkoli stranskih učinkov. Ko sem molil za posameznika z opeklinami tretje stopnje in rekel "pekoči občutek, pojdi proč", je njegova bolečina pri priči izginila.

Pravzaprav se dela Božje moči, ki presegajo čas in prostor, razodevajo čedalje pogosteje in intenzivnejše. Tukaj še posebej izstopa primer Cynthije, hčerke Wilsona Johna Gila, višjega pastorja pakistanske cerkve Manmin. Ko sem molil nad Cynthijino fotografijo v Seulu, Koreja, si je dekle, nad katero so zdravniki dvignili roke, v trenutku opomoglo, čeprav sem bil od nje oddaljen več tisoč kilometrov.

Na četrti stopnji moči se manifestira moč za zdravljenje bolezni, izganjanje sil teme, razodevanje znamenj in čudežev, ter zapovedovanje vsem stvarem. Pravzaprav gre za združeno delovanje moči prve, druge, tretje in četrte stopnje.

Najvišja moč stvarjenja

Sveto pismo opisuje Jezusove manifestacije moči, ki presegajo četrto stopnjo moči. Ta stopnja moči, ki ji pravimo najvišja moč stvarjenja, pripada Stvarniku. Ta moč se ne manifestira na enaki stopnji, na kateri ljudje manifestirajo Njegovo moč, temveč izvira iz prvotne svetlobe, ki je osvetljevala, ko je Bog obstajal sam.

V 11. poglavju Janezovega evangelija Jezus zapove Lazarju, ki je bil mrtev že štiri dni in imel zadah: "Lazar, pridi ven!" Na Njegov ukaz je umrli prišel ven. Noge in roke je imel povezane s povoji in njegov obraz je bil ovit s prtom (43.-44. vrstica).

Ko človek izkorenini vse oblike hudobije, postane posvečen, odseva srce svojega Očeta Boga, in preide v popolnega duha, takrat se mu odprejo vrata duhovnega sveta. In več spoznanja, ko človek osvoji o duhovnem svetu, bolj bodo njegove manifestacije Božje moči presegale moč četrte stopnje.

Takrat bo lahko dosegel stopnjo moči, ki jo lahko razodeva le božanstvo, in ta moč je najvišja moč stvarjenja. Ko človek doseže to stopnjo moči, lahko manifestira čudežna dela stvarjenja, podobno kot je Bog ustvaril vse v vesolju s Svojo besedo.

Slepec bo nemudoma spregledal, ko mu bo tak človek zapovedal: "Odpri svoje oči." Nema oseba bo nemudoma spregovorila na njegovo zapoved: "Govori!" Pohabljenec bo začel hoditi in teči na njegovo zapoved: "Vstani na noge!" Ko bo zapovedal, bodo obnovljene brazgotine in propadajoči deli telesa.

Vse to je doseženo s svetlobo in glasom Boga, ki je že pred začetkom časa obstajal kot svetloba in glas. Kadar glas prikliče brezmejno moč stvarjenja iz svetlobe, se ta svetloba spusti in manifestira se moč. Tako so lahko ozdravljeni ljudje, ki so prestopili prag življenja, ki ga je začrtal Bog, ter bolezni in slabosti, ki jih ni moč ozdraviti s prvo, drugo ali tretjo stopnjo moči.

Prejetje moči Boga, ki je luč

Kako lahko odsevamo srce Boga, ki je luč, prejmemo Njegovo moč ter popeljemo številne ljudi na pot odrešenja?

Prvič - ne smemo se zgolj izogibati vsem oblikam hudobije in doseči posvečenost, temveč moramo hkrati obroditi dobro srce in hrepeneti po najvišji dobroti.

Če ne kažete nobenih zamer ali nelagodja do posameznika, ki vam je močno zagrenil življenje oz. vam škodoval, ali potem lahko rečemo, da ste obrodili dobro srce? Nikakor! Tudi če vaše srce ne drhti in ne čutite nelagodja, medtem ko čakate in vse prenašate, je to le prvi korak dobrote v Božjih očeh.

Na višji stopnji dobrote človek govori in postopa na načine, da bi ganil ljudi, ki mu škodijo oz. grenijo življenje. Ko nekdo obrodi najvišjo dobroto, kakršna je všeč Bogu, mora biti pripravljen žrtvovati svoje življenje za sovražnika.

Jezus je posedoval to najvišjo dobroto, zato je odpustil ljudem, ki so Ga križali, in je zanje tudi velikodušno žrtvoval Svoje življenje. Tako Mojzes kot apostol Pavel sta bila pripravljena dati svoje življenje za ljudi, ki so ju želeli umoriti.

Kako se je odzval Mojzes, ko se je Bog nameril uničiti Izraelce, ker so ti častili malike, se pritoževali in gojili zamere zoper Njega, četudi so bili priča znamenjem in čudežem? Iskreno je moledoval pred Bogom: "Vendar zdaj, ko bi Ti odpustil njihov greh! Če pa ne, izbriši, prosim, mene iz Svoje knjige, ki Si jo napisal!" (Eksodus 32:32) Enako velja tudi za apostola Pavla. Kakor je izpovedal v Rimljanom 9:3: "Kajti želel bi biti sam preklet in ločen od Kristusa v prid svojim bratom, ki so moji rojaki po mesu." Pavel je obrodil najvišjo dobroto in posledično so ga ves čas spremljala mogočna dela Božje moči.

Drugič - obroditi moramo duhovno ljubezen.

Ljubezen se je do danes občutno ohladila. Sicer si ljudje med seboj izpovedujejo besede "ljubim te", vendar gre pri tem večinoma za meseno ljubezen, ki se skozi čas spreminja. Medtem pa je ljubezen Boga duhovna ljubezen, ki ostaja čudovita iz dneva v dan. Ta ljubezen je podrobno opisana v 1 Korinčanom 13.

Prvič - "Ljubezen je potrpežljiva, dobrotljiva je ljubezen, ni nevoščljiva" (4. vrstica). Naš Gospod je odpustil vse naše grehe in pomanjkljivosti ter odprl pot odrešenja, pri čemer je potrpežljivo čakal tudi na tiste, ki so neopravičljivi. Pa vendar, četudi izpovedujemo ljubezen do Gospoda, ali kljub temu radi izpostavljamo grehe in pomanjkljivosti naših bratov in sester? Ali radi sodimo in obsojamo druge, ko nam nekdo oz. nekaj ni po godu? Ali smo bili razočarani oz. ljubosumni na nekoga, ki mu gre dobro v življenju?

Drugič - "ljubezen se ne ponaša, se ne napihuje" (4. vrstica). Četudi se navzven zdi, da poveličujemo Gospoda, v kolikor naše srce hrepeni po priznanju s strani drugih, se razgaljamo, ne upoštevamo ali ponižujemo druge zaradi našega položaja oz. oblasti, to predstavlja bahanje in vzvišenost.

Tretjič - ljubezen "ni brezobzirna, ne išče svojega, ne da se razdražiti, ne misli hudega" (5. vrstica). Naše nevljudno vedenje do Boga in ljudi, naša nestanovitna srca in misli, naša prizadevanja, da bi napredovali tudi na račun drugih, naše hitre zamere, naša nagnjenja, da gledamo na ljudi v negativni oz. hudobni luči, vse to ne predstavlja ljubezni.

Četrtič - ljubezen "se ne veseli krivice, veseli pa se resnice"(6. vrstica). Če ljubimo, moramo ves čas hoditi in se razveseljevati v resnici. Kot nas uči 3 Janez 1:4: "Nimam večjega veselja, kakor je to, da slišim, kako moji otroci živijo v resnici." Resnica mora biti vir našega veselja in sreče.

In petič - ljubezen "vse prenaša, vse veruje, vse upa, vse prestane"(7. vrstica). Kdor resnično ljubi Boga, bo dojel Božjo voljo in veroval. Ko se ljudje veselijo in iskreno verujejo v vrnitev Gospoda, vstajenje vernikov, nebeške zaklade, s tem pridobijo veliko upanje, prenašajo vse težave ter si prizadevajo izpolnjevati Njegovo voljo.

Da bi razodel dokaze o Svoji ljubezni do tistih, ki so poslušni resnicam, kot sta dobrota, ljubezen in druge resnice iz Svetega pisma, jim Bog, ki je luč, daje Svojo moč kot darilo. Bog si prav tako želi srečati in uslišati vse tiste, ki si prizadevajo hoditi v luči.

Zato molim v imenu Gospoda Jezusa Kristusa, da bi odkrili sebe in pretrgali svoje srce, ter bi vsi vi, ki si želite prejeti Božje blagoslove in odgovore, postali pripravljeni kot posode pred Njim in bi doživeli Božjo moč.

6. sporočilo
Oči slepih se bodo odprle

Janez 9:32-33

*Od vekomaj
se ni slišalo,
da bi kdo od rojstva slepemu
odprl oči.
Če ta ne bi bil od Boga,
ne bi mogel ničesar storiti*

V Apostolskih delih 2:22 Jezusov učenec Peter, potem ko je prejel Svetega Duha, nagovori Jude s citiranjem besed preroka Joela: "Možje Izraelci, poslušajte te besede! Jezusa Nazarečana, ki Ga je Bog pred vami potrdil z močmi, čudeži in znamenji, katera je Bog po Njem delal med vami, kakor sami veste." Jezusovo veličastno razodevanje moči, znamenj in čudežev je bil dokaz, da je Jezus, katerega so Judi križali, dejansko Mesija, o katerem je bilo prerokovano v Stari zavezi.

Peter je tudi sam razodeval Božjo moč po prejetju Svetega Duha. Ozdravil je hromega berača (Apostolska dela 3:8), in ljudje so prinašali bolnike na ceste ter jih polagali na ležišča in nosila, da bi se, kadar je šel Peter mimo, vsaj njegova senca dotaknila katerega izmed njih (Apostolska dela 5:15).

Moč je dokazilo, ki potrjuje Božjo prisotnost ob osebi, ki razodeva to moč, in hkrati je moč najzanesljivejši način za zasaditev vere v srca nevernih. Prav iz tega razloga je Bog dal moč tistim, ki jih je smatral za upravičene.

Jezus ozdravi sleporojenega

V 9. poglavju Janezovega evangelija Jezus na Svoji poti sreča slepega možakarja. Jezusove učence je zanimalo, zakaj je možakar slep vse od rojstva. "Rabi, kdo je grešil, on ali njegovi starši, da se je rodil slep?" (2. vrstica). V odgovor jim Jezus pojasni, da je bil možakar rojen slep zato, da bi lahko v svojem življenju razodel Božja dela (3. vrstica). Nato je Jezus pljunil na tla in s slino naredil blato. Pomazal mu je z blatom oči in mu rekel: "Pojdi in se umij v vodnjaku Síloa" (6-7. vrstica). Ko je možakar odšel in se umil, je nemudoma spregledal.

Čeprav je v Svetem pismu še veliko drugih ljudi, ki jih je Jezus ozdravil, se ta sleporojeni možakar razlikuje od vseh drugih. Možakar namreč ni prosil Jezusa za ozdravljenje, ampak je Jezus Sam pristopil do njega in ga ozdravil.

Kako to, da je sleporojeni možakar prejel tolikšno milost?

Prvič - možakar je bil poslušen.

Preprostemu človeku se vsa Jezusova dejanja – pljuvanje po

tleh, oblikovanje blata, nanašanje blata na oči sleporojenega, in besede, naj gre in se umije v vodnjaku Siloa – zdijo povsem nesmiselna. Zdrava pamet posamezniku ne dovoljuje verjeti, da bi lahko sleporojeni človek spregledal, potem ko je nanesel blato na oči in jih umil z vodo. Povrh tega, če je nekdo slišal to zapoved, ne da bi poznal Jezusa, tak posameznik in večina ljudi ne bo zgolj skeptična, ampak se bodo vidno razjezili. Ampak s tem možakarjem ni bilo tako. Ko je Jezus zapovedal, je možakar poslušno umil svoje oči v vodnjaku Siloa. Njegove oči, ki so bile zaprte vse od trenutka rojstva, so se zdaj prvikrat odprle in možakar je spregledal.

Če menite, da se Božja beseda ne sklada s človeško zdravo pametjo ali izkušnjami, potem poskušajte biti poslušni Njegovi besedi s poniznim srcem, kakršnega je pokazal ta sleporojeni možakar. Tako boste deležni Božje milosti in, tako kot so se slepemu možakarju odprle oči, boste tudi vi deležni čudovitih doživetij.

Drugič - sleporojenemu možakarju so se odprle duhovne oči, ki so znale ločiti resnico od neresnice.

Po njegovem pogovoru z Judi, potem ko je bil ozdravljen, lahko sklepamo, da je slepi možakar v dobroti svojega srca znal ločiti dobro od slabega, četudi so bile njegove oči fizično zaprte. Ravno nasprotno pa so bili Judje duhovno slepi, zaslepljeni z neprepustnimi mejami postave. Ko so Judje vprašali za podrobnosti ozdravljenja, je sleporojeni možakar drzno razglasil: "Tisti človek, ki se imenuje Jezus, je naredil blato, mi z njim pomazal oči in mi rekel: ›Pojdi v Síloo in se umij.‹ Šel sem tja, se umil in spregledal" (11. vrstica).

Judje so temeljito preučili slepega možakarja in ga začudeno vprašali: "Kaj praviš o Njem, ker ti je odprl oči?" On pa je rekel: "Prerok je" (17. vrstica). Možakar je menil, da če lahko Jezus ozdravi slepoto, potem mora biti Božji človek. Ironično so Judje pograjali možakarja: "Daj čast Bogu! Mi vemo, da je ta človek grešnik" (24. vrstica).

Kako nelogična je njihova trditev? Bog ne usliši molitev grešnika, kot tudi ne daje Svoje moči grešniku, da bi ta odprl oči in prejel slavo. Čeprav Judje tega niso verjeli niti razumeli, je sleporojeni možakar nadaljeval s svojimi drznimi in resničnimi izpovedmi: "Vemo, da Bog grešnikov ne usliši. Kdor pa Boga časti in uresničuje Njegovo voljo, tega usliši. Od vekomaj se ni slišalo, da bi kdo od rojstva slepemu odprl oči. Če ta ne bi bil od Boga, ne bi mogel ničesar storiti" (31-33. vrstica).

Glede na to, da še noben slepec nikoli ni spregledal od trenutka stvarjenja, bi se moral s tem možakarjem razveseljevati prav vsak, ki je slišal to novico. A med Judi je to sprožilo val obsojanja in sovražnosti. Ker so bili preprosto preveč duhovno nevedni, so bili prepričani, da je šlo pri samem Božjem delu v resnici za nasprotovanje Bogu. Vendar Sveto pismo pismo nas uči, da lahko le Bog odpira oči slepim.

Psalmi 146:8 nas opominjajo, da "GOSPOD odpira oči slepim, GOSPOD vzdiguje upognjene, GOSPOD ljubi pravične." In Izaija 29:18 nas uči: "Tisti dan bodo gluhi zaslišali besede knjige in iz mraka in teme bodo spregledale oči slepih." Izaija 35:5 prav tako pravi: "Tedaj bodo spregledale oči slepih, gluhim se bodo odprla ušesa." "Tisti dan" in "tedaj" se tukaj nanašata na dogodek, ko je prišel Jezus in odprl oči slepim.

Toda Judje navkljub tem odlomkom in opominom v svoji zakoreninjeni hudobiji niso mogli sprejeti Božjega dela, ki jim je bilo razodeto preko Jezusa, in so Jezusa označili za grešnika, ki naj bi prekršil Božjo besedo. Čeprav slepi možakar ni posedoval veliko znanja glede postave, je v svoji dobri vesti poznal resnico: da Bog ne posluša grešnikov. In prav tako je vedel, da lahko le Bog ozdravlja slepe oči.

Tretjič - potem ko je prejel Božjo milost, je sleporojeni možakar stopil pred Gospoda in sklenil voditi povsem spreobrnjeno življenje.

Do današnjega dne sem bil priča številnim dogodkom v Centralni cerkvi Manmin, ko so ljudje na robu smrti prejeli moč in blagoslove za vse različne težave v življenju. Zato objokujem ljudi, katerih srca se spremenijo tudi po tem, ko so prejeli Božjo milost, in tiste ljudi, ki opustijo vero in se vrnejo k posvetnemu življenju. Ko živijo v bolečini in trpljenju, takšni ljudje molijo s solzami v očeh: "Ko prejmem ozdravljenje, bom živel izključno samo za Gospoda." A takoj ko prejmejo ozdravljenje in blagoslove, ti ljudje v iskanju lastnih koristi pozabijo na prejeto milost in zaidejo s poti resnice. Četudi so bile odpravljene

njihove fizične težave, je vse to zaman, saj so bili njihovi duhovi ločeni od poti odrešenja in so na poti v pekel.

Omenjeni sleporojeni možakar je imel dobro srce, ki se ne bi nikoli izneverilo milosti. Zato tudi ob srečanju z Jezusom ni bil zgolj ozdravljen slepote, temveč mu je bil obenem zagotovljen blagoslov odrešenja. Ko ga je Jezus vprašal: "Veruješ v Sina človekovega?" je ta odgovoril: "Kdo je to, Gospod, da bi veroval Vanj?" (35-36. vrstica). Jezus mu je rekel: "Videl si Ga; Ta, ki govori s teboj, Ta je." Tedaj je dejal: "Verujem, Gospod," in se je pred Njim poklonil do tal." (37-38. vrstica). Možakar ni zgolj "veroval", pač pa je sprejel Jezusa kot Kristusa. Tako je možakar v svoji odločni izpovedi sklenil slediti samo Gospodu in živeti samo Zanj.

Bog si za vse nas želi, da bi stopili pred Njega s tovrstnim srcem. Bog si želi, da bi Ga iskali ne le zato, ker On ozdravlja naše bolezni in nas blagoslavlja. Bog hrepeni po tem, da bi dojeli Njegovo resnično ljubezen, s katero je darežljivo žrtvoval Svojega edinega Sina Jezusa na križu. Povrh tega Ga moramo ljubiti ne le z našimi usti, pač pa z našimi dejanji znotraj Božje besede. V 1 Janezu 5:3 nam Bog pravi: "To je Božja ljubezen, da se držimo

"Srce me je vodila do tega kraja...

Hrepenela sem po milosti...

Bog me je blagoslovil z velikim darilom.
Še z največjo srečo
pa me navdaja dejstvo,
da sem srečala živega Boga!"

Maria iz Hondurasa,
ki je izgubila vid na svoje desno oko,
ko je bila stara dve leti,
a zdaj je spregledala po molitvi
dr. Jaerocka Leeja

Njegovih zapovedi. In Njegove zapovedi niso težke." Če resnično ljubimo Boga, moramo izkoreniniti vso hudobijo znotraj nas in hoditi v luči sleherni dan.

Kadar Boga prosimo za karkoli s tovrstno vero in ljubeznijo, le kako nas Bog ne bi uslišal? V Mateju 7:11 nam Jezus obljublja: "Če torej vi, ki ste hudobni, znate svojim otrokom dajati dobre darove, koliko bolj bo vaš Oče, ki je v nebesih, dajal dobro tem, ki Ga prosijo." Potemtakem smo lahko prepričani, da bo naš Oče Bog uslišal molitve Njegovih ljubljenih otrok.

Zatorej ni pomembno, s kakšno boleznijo ali težavo pristopite Bogu. Če izpovedujete vero v Gospoda, ki prihaja iz globine vašega srca, in če izkazujete dela vaše vere, bo Gospod, ki je ozdravil sleporojenega moža, ozdravil vse vaše bolezni, spremenil nemogoče v mogoče, ter rešil vse vaše težave v življenju.

Čudeži ozdravljenja slepih v Centralni cerkvi Manmin at Manmin Central Church

*"Zdravniki so mi sporočili,
da bom kmalu oslepel...
moj vid je začel bledeti...*

*Hvala, Gospod,
da si me blagoslovil z lučjo...*

Čakal sem Nate..."

Častiti Ricardo Morales iz Hondurasa,
ki bi kmalu oslepel
po nesreči,
vendar je spregledal

Od odprtja leta 1982 je cerkev Manmin močno proslavila Boga skozi ozdravljenja številnih slepih posameznikov. Veliko ljudi, ki so bili slepi od rojstva, je prejelo vid po molitvi. Poleg tega je bil obnovljen vid številnih ljudi z oslabljenim vidom, ki so se morali zanašati na očala oziroma kontaktne leče. Naj vam opišem nekaj primerov izmed celega kupa tovrstnih pričevanj.

Na velikem srečanju za ozdravljenje julija 2002 v Hondurasu sem srečal dvanajstletno deklico z imenom Marija, ki je pri drugem letu starosti izgubila vid na svojem desnem očesu zaradi hude vročine. Starši so zaman iskali pomoč, da bi ji povrnili vid. Tudi presaditev roženice ni pomagala. V naslednjem desetletju po presaditvi je Marija v celoti izgubila vid na svojem desnem očesu.

Nato se je leta 2002 Marija v gorečem hlepenju po Božji milosti udeležila tega srečanja, na katerem je prejela mojo molitev in kmalu se ji je povrnil vid. Živčevje v njenem desnem očesu, ki je bilo prej hudo poškodovano, je bilo sedaj obnovljeno z Božjo močjo. Kako neverjetno je to? Neizmerno število ljudi v Hondurasu je slavilo in vzklikalo: "Bog resnično živi in deluje še danes!"

Pastor Ricardo Morales bi skorajda oslepel, ko je bil v celoti ozdravljen z muansko sladko vodo. Sedem let pred tem je pastor Ricardo doživel prometno nesrečo, v kateri si je hudo poškodoval mrežnico in utrpel močno krvavitev. Zdravniki so dejali, da bo postopoma izgubljal vid in naposled dokončno oslepel. Pa vendar je bil pastor Ricardo ozdravljen na prvi dan konference cerkvenih voditeljev v Hondurasu leta 2002. Ko je slišal Božjo besedo, si je pastor Ricardo v svoji veri nakapljal muansko sladko vodo v svoje oči, nakar se je na njegovo veliko presenečenje njegov vid iz minute v minuto izboljševal. Sprva sploh ni mogel verjeti, saj nikakor ni pričakoval česar podobnega. Tisti večer se je z očali udeležil srečanja, ko je nenadoma odpadlo steklo iz njegovih očal in slišal je glas Svetega Duha: "Če nemudoma ne snameš očal, boš ostal slep!" Takrat je pastor Ricardo snel očala in opazil, da zelo jasno vidi okolico. Njegov vid je bil obnovljen in pastor Ricardo je močno proslavil Boga.

Mladenič Kombo je nekoč obiskal svoj rodni kraj v Nairobiju v Keniji, ki je bil kakšnih 400 kilometrov oddaljen od tamkajšnje cerkve Manmin. Med obiskom je oznanil evangelij svoji družini in jim opisal mogočna dela Božje moči, ki se razodevajo v Centralni cerkvi Manmin v Seulu. Tudi molil je zanje z robcem, nad katerim sem molil jaz. Kombo je svoji družini izročil tudi naš cerkveni koledar.

Ko je slišala svojega vnuka oznanjati evangelij, je Kombojeva babica, ki je bila slepa, z iskrenim poželenjem pomislila: 'Tudi jaz bi si želela videti fotografijo dr. Jaerocka Leeja', medtem ko je držala koledar v rokah. Sledilo je nekaj resnično čudežnega. V trenutku, ko je Kombojeva babica razgrnila koledar, so se njene oči odprle in zelo jasno je videla fotografijo. Aleluja! Kombojeva družina je tako iz prve roke doživela delovanje Božje moči, ki je odprla oči slepemu človeku, in tako so pridobili vero v živega Boga. Ko so se novice o tem dogodku razširile po vasi, so ljudje prosili, da bi tudi v njihovi vasi postavili našo cerkev.

Na račun številnih tovrstnih čudežev po vsem svetu je danes postavljenih več tisoč podružničnih cerkva Manmin in evangelij svetosti se oznanja na vseh koncih našega planeta. Kadar sprejemate in verujete v delovanje Božje moči, lahko tudi vi postanete dedič Njegovih blagoslovov.

Vendar, kot je bilo v času Jezusa, tako še danes mnogi ljudje sodijo, obsojajo in govorijo zoper delovanje Svetega Duha, namesto da bi se razveseljevali in posvečevali Boga. Zavedati pa se moramo, da gre pri tem za greh, kot nas Jezus izrecno uči v Mateju 12:31-32. "Zato vam pravim: Vsak greh in vsaka kletev bosta ljudem odpuščena, kletev zoper Duha pa ne bo odpuščena. Tudi če kdo reče besedo zoper Sina človekovega, mu bo odpuščeno, če pa kdo reče kaj zoper Svetega Duha, mu ne bo odpuščeno ne v tem veku ne v prihodnjem."

Da ne bi nasprotovali delovanju Svetega Duha, temveč bi doživljali čudovita dela Božje moči, moramo priznavati in hrepeneti po Njegovih delih, tako kot to velja za slepca v 9. poglavju Janezovega evangelija. Skladno s tem, kako močno so se ljudje pripravili kot posode, da bi z vero prejeli odgovore, bodo nekateri doživeli delovanje Božje moči, drugi pa ne.

Psalmi 18:25-26 nam pravijo: "Z zvestim si zvest, s popolnim si popoln; z iskrenim si iskren, s prekanjenim si prebrisan." Zato molim v imenu Gospoda Jezusa Kristusa, da bi z vero v Boga, ki nas nagrajuje po naših delih vere, vsi vi postali dediči Njegovih blagoslovov.

7. sporočilo

Ljudje bodo vstali, skočili v zrak in začeli hoditi

Marko 2:3-12

*Tedaj so prišli in k Njemu prinesli hromega,
ki so ga štirje nosili.
Ker ga zaradi množice niso mogli prinesti predenj,
so nad mestom, kjer je bil, odkrili streho;
naredili so odprtino
in spustili posteljo, na kateri je ležal hromi. Ko je Jezus videl
njihovo vero, je rekel hromemu:
'Otrok, odpuščeni so ti grehi!'
Sedelo pa je tam nekaj pismoukov,
ki so v svojih srcih premišljevali:
'Kaj ta tako govori?
To je bogokletje! Kdo more odpuščati grehe razen enega,
Boga?' Jezus je v duhu takoj spoznal,
da pri sebi tako premišljujejo,
in jim je rekel: 'Kaj tako premišljujete v svojih srcih?
Kaj je laže: reči hromemu:
"Odpuščeni so ti grehi" ali reči: "Vstani, vzemi posteljo in
hôdi"?
Ampak da boste vedeli, da ima Sin človekov
oblast na zemlji odpuščati grehe,'
je rekel hromemu:
'ti pravim: Vstani,
vzemi svojo posteljo in pojdi domov!'
Ta je vstal in takoj dvignil posteljo
ter šel ven vpričo vseh,
tako da so bili vsi iz sebe in so slavili Boga ter govorili: 'Kaj
takega še nikoli nismo videli.'"*

Sveto pismo na uči, da je v Jezusovem času veliko ohromelih oz. pohabljenih ljudi prejelo popolno ozdravljenje in so močno proslavili Boga. V Izaiji 35:6 nam Bog obljublja: "Tedaj bo hromi skakal kakor jelen, jezik nemega bo vriskal. Kajti v puščavi se bodo odprli vrelci, v pustinji potoki." In prav tako v Izaiji 49:8, "Ob času milosti sem te uslišal, na dan rešitve sem ti pomagal.

Varujem te in te postavljam za zavezo ljudstvu, da vzdigneš deželo in dobiš opustošene dediščine." Bog nas ne le usliši, temveč nas hkrati vodi do odrešenja.

O tem dejstvu se danes nenehno pričuje v Centralni cerkvi Manmin, kjer skozi delovanje mogočne Božje moči številni bolniki vstajajo na noge ter odvržejo invalidske vozičke in bergle. S kakšno vero je hromi možakar iz 2. poglavja Markovega evangelija pristopil pred Jezusa ter prejel odrešenje in uslišanje? Molim, da bi tisti med vami, ki trenutno ne morete hoditi zaradi bolezni, ponovno vstali, začeli hoditi in teči.

Hromi je slišal za Jezusa

2. poglavje evangelija po Marku opisuje zgodbo o hromem posamezniku, ki je prejel ozdravljenje od Jezusa, ko je Ta obiskal Kafarnáum. V tem mestu je živel ohromljen siromak, ki ni mogel niti pokončno sedeti brez pomoči drugih in je bil živ zgolj zato, ker ni mogel umreti. A nato je slišal za Jezusa, ki odpira oči slepim, pomaga pohabljenim vstati na noge, izganja zle duhove in ozdravlja ljudi vseh različnih bolezni. Možakar je imel dobro srce in ko je slišal za prihod Jezusa, si je iskreno zaželel, da bi Ga srečal.

Nekega dne je hromi slišal, da je Jezus prišel v Kafarnáum. Kako navdušen in vesel je moral biti v pričakovanju srečanja z Jezusom? Toda hromi se ni mogel samostojno gibati, zato je za pomoč prosil prijatelje, da bi ga prinesli pred Jezusa. Na srečo so tudi njegovi prijatelji dobro poznali zgodbe o Jezusu, zato so mu priskočili na pomoč.

Hromi in njegovi prijatelji stopijo pred Jezusa

Hromi in njegovi prijatelji so prispeli do hiše, v kateri je pridigal Jezus, a ker se je tam zbrala velika množica, še v preddverju ni bilo prostora, kaj šele v sami notranjosti hiše. Okoliščine preprosto niso omogočale hromemu in njegovim prijateljem, da bi stopili pred Jezusa. Prav gotovo so prosili množico: "Prosimo, umaknite se! Prinašamo kritično bolnega bolnika!" A vendar je bila hiša in njena okolica nabito polna z ljudmi. Če bi hromemu in njegovim prijateljem primanjkovalo vere, bi se najbrž odpravili domov, ne da bi srečali Jezusa.

Tako pa se niso predali, ampak so izkazali svojo vero. Ko so razmišljali, kako bi lahko srečali Jezusa, so hromi in njegovi prijatelji v skrajni sili odkrili streho nad Jezusom, naredili odprtino in spustili posteljo, na kateri je ležal hromi. Hromi in njegovi prijatelji so si obupano želeli srečati Jezusa, da bi prosili za ozdravljenje, zato jih pri tem ni ustavilo prav nič, četudi bi se morali kasneje opravičiti lastniku hiše in mu poplačati za nastalo škodo.

Vero spremljajo dela, in ta dela vere lahko izkažemo le tako, da se ponižamo s ponižnim srcem. Ste kdaj pomislili ali si rekli: "Čeprav si želim, mi moje fizično stanje ne dovoljuje, da bi obiskal cerkev"? Če bi hromi stokrat izpovedal: "Gospod, verjamem, da Ti dobro veš, da ne morem priti na srečanje s Teboj, ker sem ohromljen. Prav tako verjamem, da me boš Ti ozdravil tudi ko ležim tukaj na postelji." V takšnem primeru se zanj ne bi reklo, da je izkazal vero.

Tako pa je hromi za vsako ceno želel stopiti pred Jezusa in prejeti ozdravljenje. Hromi je verjel in bil prepričan, da bo ob srečanju z Jezusom prejel ozdravljenje, zato je prosil prijatelje, da bi ga prinesli pred Jezusa. In ker so tudi njegovi prijatelji gojili vero, so lahko služili svojemu prijatelju do te mere, da so naredili odprtino na strehi hiše neznanca.

Če resnično verjamete, da boste ozdravljeni pred Bogom, potem prihod pred Njega služi kot dokaz vaše vere. Prav zato so njegovi prijatelji naredili odprtino na strehi in skupaj s posteljo spustili svojega prijatelja pred Jezusa. Tisti čas so bile strehe v Izraelu položne in vsaka hiša je vsebovala stopnice, ki so vodile na streho. Tudi strešno opeko je bilo preprosto odstraniti. Te olajševalne okoliščine so hromemu omogočile priti bliže Jezusu kot kdorkoli drug.

Naše molitve bodo uslišane šele, ko rešimo težavo z grehom

V Marku 2:5 lahko preberemo, kako je bil Jezus navdušen nad izkazanimi deli vere hromega. Zakaj je Jezus, še preden ga je ozdravil, hromemu rekel naslednje: "Odpuščeni so ti grehi"? Razlog je ta, ker mora biti odpuščanje grehov doseženo še pred ozdravljenjem.

V Eksodusu 15:26 nam Bog pravi: "Če boš res poslušal glas GOSPODA, svojega Boga, in delal, kar je prav v Njegovih očeh, in ubogal Njegove zapovedi in izpolnjeval vse Njegove zakone, ne bom spravil nadte nobene od bolezni, ki sem jih poslal nad Egipt; kajti Jaz sem GOSPOD, tvoj zdravnik." "Bolezni, ki sem jih poslal nad Egipt" se tukaj nanaša na vse človeku poznane bolezni. Potemtakem, kadar smo poslušni na Njegove zapovedi in živimo po Njegovi besedi, nas Bog varuje pred vsemi boleznimi. Tudi v 28. poglavju Devteronomija Bog obljublja, da dokler ubogamo in živimo po Njegovi besedi, nobena bolezen nikoli ne bo prodrla v naša telesa. Potem ko v 5. poglavju Janezovega evangelija ozdravi moškega, ki je bil bolan osemintrideset let, mu Jezus reče: "Ne gréši več, da se ti ne zgodi kaj hujšega!" (14. vrstica).

Vse bolezni izvirajo iz greha, zato je Jezus najprej odpustil hromemu in ga šele nato ozdravil. Jezus pa kljub temu ne odpušča vsem, ki stopijo pred Njega. Da bi prejeli ozdravljenje, se moramo najprej pokesati grehov in se obrniti proč od grešenja. Če ste bili grešnik, morate postati človek, ki več ne greši; če ste bili lažnivec, morate postati človek, ki več ne laže; in če ste sovražili druge, morate prenehati sovražiti. Bog odpušča le tistim, ki so poslušni Njegovi besedi. Poleg tega zgolj izpovedovanje besede "verujem" še ne prinaša odpuščanja; če pa hodimo v luči, kakor je v luči On Sam, smo med seboj v občestvu in kri Njegovega Sina Jezusa nas očiščuje vsakega greha (1 Janez 1:7).

Hromi je shodil z Božjo močjo

2. poglavje Markovega evangelija opisuje, kako je hromi možakar, potem ko je prejel ozdravljenje, vstal in takoj dvignil posteljo ter šel ven vpričo vseh. Ko je prišel pred Jezusa, je ležal priklenjen na postelji. A nato je bil ozdravljen v trenutku, ko mu

je Jezus rekel: "Otrok, odpuščeni so ti grehi!" (5. vrstica). A namesto, da bi se razveseljevali, so se pismouki začeli pritoževati. Ko je Jezus rekel hromemu, "otrok, odpuščeni so ti grehi," so pri sebi pomislili: "Kaj ta tako govori? To je bogokletje! Kdo more odpuščati grehe razen enega, Boga?"(7. vrstica) Takrat jim je Jezus rekel: "Kaj tako premišljujete v svojih srcih? Kaj je laže: reči hromemu: 'Odpuščeni so ti grehi' ali reči: 'Vstani, vzemi posteljo in hôdi'? Ampak da boste vedeli, da ima Sin človekov oblast na zemlji odpuščati grehe," (8-10. vrstica). Ko jim je Jezus pojasnil Božjo previdnost in Svoje besede hromemu: "Ti pravim: Vstani, vzemi svojo posteljo in pojdi domov!" (11. vrstica), so pismouki nemudoma vstali in odšli. Povedano drugače, to dejstvo, da je bil hromi ozdravljen, kaže na to, da je prejel odpuščanje in da je Bog jamčil sleherno besedo, ki jo je izgovoril Jezus. Prav tako gre za dokaz, da vsemogočni Bog jamči Jezusa kot Odrešenika vsega človeštva.

Primeri, ko so ljudje vstali, skočili v zrak in začeli hoditi

V Janezu 14:11 nam Jezus pravi: "Verujte Mi, da sem Jaz v Očetu in Oče v Meni; če pa tega ne verujete, verujte zaradi del samih." Potemtakem moramo verovati, da sta Oče Bog in Jezus eno, saj smo bili priča, kako je hromi, ki je prišel pred Jezusa z vero, prejel odpuščanje, vstal, skočil v zrak in začel hoditi na Jezusovo zapoved.

V Janezu 14:12 nam Jezus prav tako pravi: "Resnično, resnično, povem vam: Kdor veruje Vame, bo dela, ki jih Jaz opravljam, tudi sam opravljal, in še večja kot ta bo opravljal, ker grem Jaz k Očetu." Ker sem v popolnosti veroval v Božjo besedo, sem se — potem ko sem bil poklican za Božjega služabnika — postil in molil vrsto dni, da bi prejel Njegovo moč. Posledično se je v Manminu vse od ustanovitve cerkve zvrstilo že neskončno ozdravljenj bolezni, na katere sodobna medicinska znanost nima odgovora.

Vsakokrat, ko je cerkev kot takšna premagala preizkušnje za blagoslove, se je povečala hitrost ozdravljenja bolnikov in hkrati so bile ozdravljene čedalje bolj hude bolezni. Preko vsakoletnega dvotedenskega obnovitvenega srečanja, ki smo ga prirejali v letih od 1993 do 2004, ter preko svetovnih srečanj za ozdravljenje, je ogromno ljudi s celega sveta doživelo osupljivo Božjo moč. V nadaljevanju vam opišem nekaj primerov, ko so ljudje vstali, skočili v zrak in začeli hoditi.

Na nogah po devetih letih v invalidskem vozičku

Prvo pričevanje pripada diakonu Yoonsupu Kimu. Maja 1990 je padel z višine petnadstropne stavbe, medtem ko je opravljal električna dela v znanstvenem mestu Taedok v Južni Koreji. To se je zgodilo še preden je Kim začel verovati v Boga. Po padcu so ga nemudoma prepeljali v bolnišnico v Yoosungu, provinca Choongnam, kjer je šest mesecev ležal v komi. Ko se je prebudil iz kome, je čutil neznosno bolečino zaradi pritiska in zloma enajste in dvanajste prsne vretence ter kile pri četrti in peti ledveni vretenci. Zdravniki so Kima obvestili, da je njegovo zdravstveno stanje kritično. Večkrat je bil sprejet tudi v druge bolnišnice, a vse zaman. Kim je postal invalid prve kategorije. Okrog pasu je moral ves čas nositi opornico za hrbtenico. In ker ni mogel ležati, je bil prisiljen spati v sedečem položaju.

"Moje odrevenele noge in pas…
moje odrevenelo srce…

Nisem mogel uleči,
nisem mogel hoditi…
na koga se lahko zanesem?

Kdo me bo sprejel?
Kako naj sploh živim?"

Diakon Yoonsup Kim
z njegovo hrbtno opornico na vozičku

*"Aleluja!
Bog je živ!
Ali me vidite hoditi?"*

Diakon Kim se veseli
z drugimi člani Manmina,
potem ko je prejel ozdravljenje
preko molitve
dr. Jaerocka Leeja

V teh težkih časih je bil Kim evangeliziran in je prišel v Manmin, kjer je začel življenje v Kristusu. Ko se je udeležil posebnega srečanja za božansko ozdravljenje novembra 1998, je Kim izkusil neverjetno doživetje. Pred srečanjem se ni mogel samostojno uleči na posteljo ali iti na stranišče. Ko pa je prejel mojo molitev, je nemudoma vstal iz invalidskega vozička in začel hoditi z berglami.

Da bi prejel popolno ozdravljenje, se je diakon Kim zvesto udeleževal bogoslužij in srečanj in ni nikoli prenehal moliti. Poleg tega se je v svoji goreči želji postil polnih enaindvajset dni med pripravami na sedmo dvotedensko obnovitveno srečanje maja 1999. Ko sem tisti čas molil za bolne s prižnice, je diakon Kim začutil močan svetlobni žarek in doživel videnje, v katerem je tekel na nogah. V drugem tednu srečanja, ko sem položil roke nanj in molil, je Kim začutil, kako njegovo telo postaja čedalje lažje. Ko se je ogenj Svetega Duha spustil na njegova stopala, je Kim pridobil moč, kakršne pred tem ni poznal. Odvrgel je opornico okrog pasu in bergle ter začel hoditi brez težav in prosto premikati boke.

Po Božji moči je diakon Kim ponovno shodil kot povsem običajen človek. Danes se rad vozi s kolesom in marljivo služi v cerkvi. Pred časom se je tudi poročil in danes vodi resnično srečno življenje.

Bolnik je vstal z invalidskega vozička po molitvi preko robca

V Manminu se odvijajo osupljivi dogodki in čudoviti čudeži, kakršni so zabeleženi v Svetem pismu, in ti še dodatno poveličujejo Boga. Med te dogodke in čudeže prav gotovo spada manifestacija Božje moči preko robcev.

Apostolska dela 19:11-12 pravijo: "Bog je po Pavlovih rokah delal nenavadne čudeže, tako da so ljudje prinašali bolnikom robce ali rute, ki so se dotaknile Pavlovega telesa, in bolezni so izginjale in zli duhovi so jih zapuščali." Kadar ljudje vzamejo robce, nad katerimi sem molil, ali katerekoli druge predmete na mojem telesu, in jih nesejo k bolnim, redno prihaja do čudežnih ozdravljenj. Kot rezultat tega nas številne države in ljudje po vsem svetu prosijo, da bi priredili srečanje za ozdravljenje z robci v njihovih krajih. Povrh tega številni ljudje v državah v Afriki, Pakistanu, Indoneziji, Filipinih, Hondurasu, Japonskem,

Kitajskem, Rusiji in drugod po svetu doživljajo "nenavadne čudeže".

Aprila 2001 je eden od naših pastorjev vodil srečanje za ozdravljenje z robci v Indoneziji, kjer so številni ljudje prejeli ozdravljenje in proslavili živega Boga. Med njimi je bil nekdanji guverner na invalidskem vozičku. Ko je bil ozdravljen po molitvi z robcem, je ta novica hitro obkrožila svet.

Maja 2003 je nek drug pastor Manmina vodil srečanje za ozdravljenje z robci na Kitajskem, na katerem je med številnimi čudeži ponovno shodil moški, ki je bil štiriintrideset let povsem odvisen od bergel.

Ganesh je odvrgel bergle na molitvenem festivalu za ozdravljenje leta 2002 v Indiji

Na molitvenem festivalu za ozdravljenje leta 2002 v Indiji, ki je potekal na plaži v Chennaiju v pretežno hindujskem delu Indije, se je zbralo več kot 3 milijone ljudi, ki so bili priča zares neverjetnim delom Božje moči in so se številni spreobrnili h krščanstvu. Pred srečanjem so se ozdravljenja pojavljala

"Ne čutim več
devetih žebljev,
ki so pritiskali
ob moje meso in kosti!

Še vstati nisem mogel
zaradi bolečine,
a zdaj lahko hodim!"

Ganesh začne hoditi
brez njegovih bergel
po molitvi dr. Jaerocka Leeja

razmeroma redko, s tem festivalom v Indiji pa so se začeli čudeži vrstiti eden za drugim.

Med ljudmi, ki so prejeli ozdravljenje, je bil tudi šestnajstletni fant Ganesh, ki je padel s kolesa in si poškodoval desno medenico. Težavne finančne razmere v družini so mu onemogočile, da bi prejel ustrezno zdravljenje. Po letu dni se je razvil kostni tumor in zdravniki so bili prisiljeni odstraniti njegovo desno medenico. Zdravniki so nato namestili tanko kovinsko ploščico na njegovo stegensko kost in preostali del medenice ter vse skupaj pričvrstili z devetimi žeblji. Zaradi neznosne bolečine, ki so mu jo povzročali žeblji, ni mogel hoditi gor in dol po stopnicah ali samostojno hoditi brez bergel.

Ko je slišal za srečanje za ozdravljenje, se je Ganesh udeležil in doživel ognjeno delo Svetega Duha. Na drugi dan štiridnevnega srečanja je po "molitvi za bolne" začutil, kako se njegovo telo ogreva, kot bi bilo postavljeno v kotel vrele vode, nakar je vsa bolečina izginila. Nemudoma je stekel na oder in podal pričevanje o svojem ozdravljenju. Od takrat ne pozna nobene bolečine v svojem telesu, kot tudi ne uporablja bergel in lahko prosto hodi in teka.

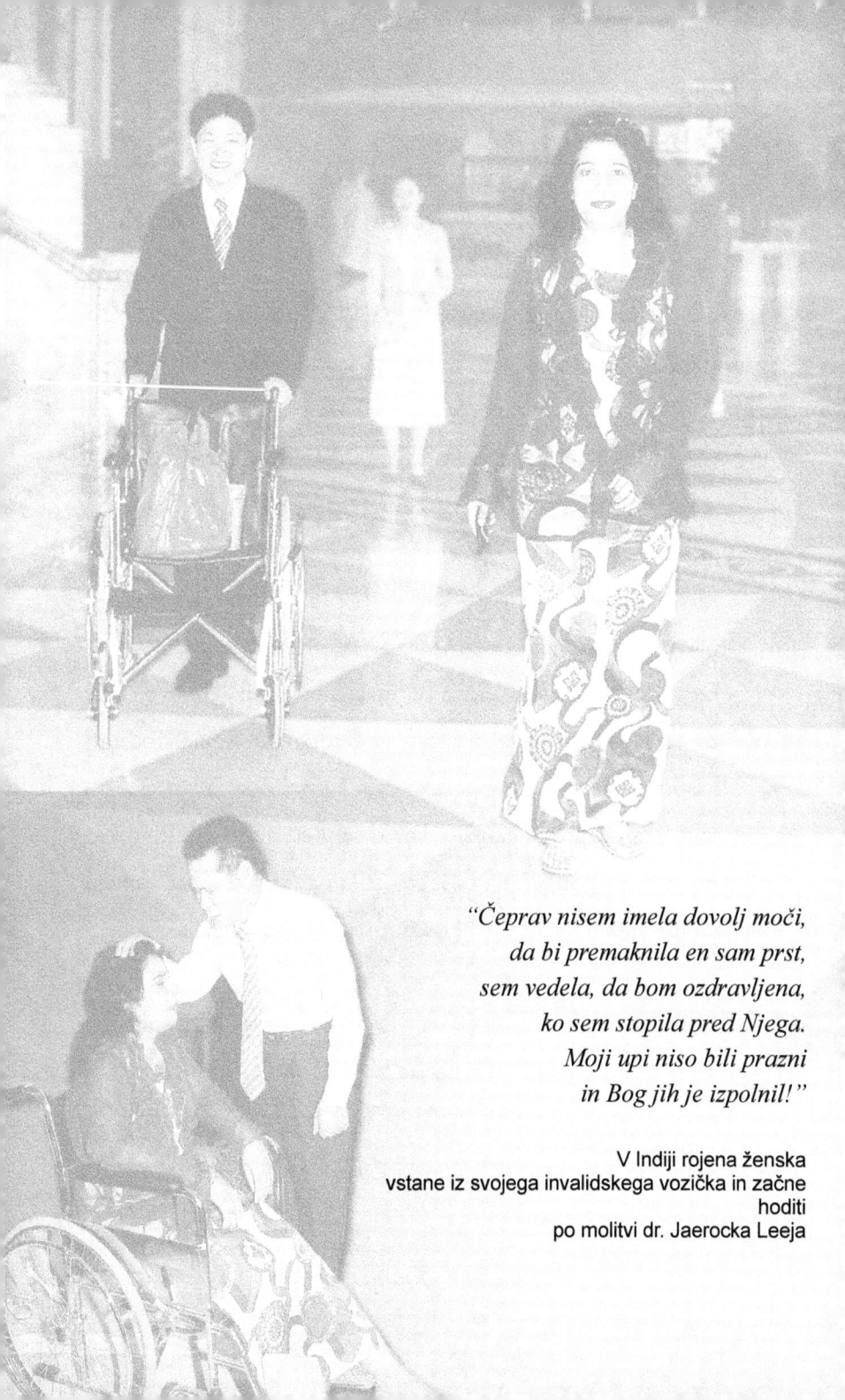

"Čeprav nisem imela dovolj moči,
da bi premaknila en sam prst,
sem vedela, da bom ozdravljena,
ko sem stopila pred Njega.
Moji upi niso bili prazni
in Bog jih je izpolnil!"

V Indiji rojena ženska
vstane iz svojega invalidskega vozička in začne hoditi
po molitvi dr. Jaerocka Leeja

Ženska je vstala z invalidskega vozička v Dubaju

Aprila 2003, ko sem se mudil v Dubaju v Združenih arabskih emiratih, je v Indiji rojena ženska vstala z invalidskega vozička po moji molitvi. Šlo je za izredno inteligentno žensko, ki je študirala v Združenih državah Amerike. Zaradi osebnih težav je utrpela psihološki šok, hkrati pa se soočala s posledicami prometne nesreče.

Ko sem prvič videl to žensko, ta ni mogla hoditi, težko je govorila in ni bila zmožna pobrati očal, ko so te padle na tla. Dejala je, da je prešibka, da bi pisala ali dvignila kozarec vode. Že zgolj na dotik je takoj začutila nevzdržno bolečino. Toda po molitvi je ženska nemudoma vstala z invalidskega vozička. Še sam sem osupel nad to žensko, ki še pred nekaj minutami ni imela dovolj moči, da bi izgovorila par stavkov, sedaj pa je samostojno pograbila svoje osebne stvari in odkorakala iz sobe.

Jeremija 29:11 nam pravi: "'Vem za načrte, ki jih imam z vami, govori GOSPOD: načrte blaginje in ne nesreče, da vam dam prihodnost in upanje.'" Naš Oče Bog nas je tako močno ljubil, da je darežljivo žrtvoval Svojega edinega Sina Jezusa na križu. Zatorej, četudi ste živeli v bedi zaradi fizične invalidnosti, še vedno obstaja upanje po srečnem in zdravem življenju z vero v Očeta Boga. Bog si ne želi videti, da bi Njegovi otroci prestajali preizkušnje in stisko. Bog si hrepeneče želi vsakomur na tem svetu zagotoviti mir, radost, veselje in prihodnost.

S pomočjo zgodbe o ohromelem možakarju v 2. poglavju evangelija po Marku ste spoznali načine in metode, s katerimi lahko prejmete uslišanje na poželenja vašega srca. V imenu našega Gospoda Jezusa Kristusa molim, da bi se vsi vi pripravili kot posode vere in bi prejeli vse, za kar prosite.

8. sporočilo
Ljudje se bodo veselili, plesali in prepevali

Marko 7:31-37

Nato je odšel iz pokrajine Tira
in šel skozi Sidón proti Galilejskemu jezeru,
po sredi pokrajine Deseteromestja.
Tedaj so Mu privedli gluhega,
ki je tudi težko govoril,
in Ga prosili,
da bi položil roko nanj.
Vzel ga je k sebi, stran od množice,
mu položil prste v ušesa,
pljunil in se dotaknil njegovega jezika.
Ozrl se je proti nebu,
zavzdihnil in mu rekel: 'Efatá!' to je 'Odpri se!'
In takoj so se mu odprla ušesa,
razvezala se je vez njegovega jezika
in je pravilno govoril.
Jezus jim je naročil, naj tega nikomur ne povejo;
toda bolj ko jim je naročal,
bolj so oznanjali
in nadvse osupli so govorili:
'Vse prav dela:
gluhim daje, da slišijo, nemim, da govorijo'

Matej 4:23-24 pravi naslednje:

Jezus je hodil po vsej Galileji. Učil je po njihovih shodnicah in oznanjal evangelij kraljestva. Ozdravljal je vsakovrstne bolezni in vsakovrstne slabosti med ljudstvom. In glas o Njem se je razširil po vsej Siriji. Prinesli so k Njemu vse bolnike, ki so jih mučile različne bolezni in nadloge, tudi obsedene, božjastne in hrome, in jih je ozdravil.

Jezus ni le oznanjal Božje besede in veslih novic o kraljestvu, temveč je hkrati ozdravil številne ljudje, ki so trpeli za različnimi boleznimi. Z ozdravljanjem bolezni, proti katerim je bil človek nemočen, so se Jezusove besede zasadile v srca ljudi, in Jezus jih je vodil v nebesa z njihovo vero.

Jezus ozdravi gluhonemega

7. poglavje evangelija po Marku opisuje zgodbo iz časa, ko je Jezus odšel iz pokrajine Tira in šel skozi Sidón proti Galilejskemu jezeru, po sredi pokrajine Deseteromestja, in tam ozdravil gluhonemega moža. Če nekdo "komajda govori", to pomeni, da jeclja in ne more tekoče govoriti. Možakar iz tega poglavja se je najbrž naučil govoriti v svojem otroštvu, a je kasneje oglušel in je zdaj "komajda govoril".

"Gluhonemi" je načeloma nekdo, ki se ni naučil jezika in govora zaradi gluhosti, medtem ko se "bradyacusia" nanaša na težave s sluhom. Obstaja več različnih vzrokov, po katerih človek postane gluhonem. Prvi od teh je dedni. Drugi primer je prirojena gluhonemost, ko mati trpi za rdečkami oziroma je uživala napačna zdravila v nosečnosti. Tretji primer je, ko otrok zboli za meningitisom v svojem tretjem ali četrtem letu starosti. Tako lahko postane gluhonem, saj gre za obdobje, ko se učimo govoriti. V primeru bradyacusije, ko imamo počen bobnič, si lahko pomagamo s slušnim aparatom. Če pa je poškodovan sam slušni živec, potem ne pomaga noben slušni aparat. In potem so tukaj še primeri, ko je nekdo zaposlen v zelo hrupnem okolju oziroma je postal naglušen zaradi starosti. Za te ljudi ne poznamo zdravila. Povrh tega lahko človek postane gluh ali nem tudi zaradi obsedenosti z demonom. V takšnem primeru, ko oseba z duhovno oblastjo izžene zle duhove, tak posameznik nemudoma ponovno sliši in začne govoriti. Ko je v Marku 9:25-27 Jezus zapretil nečistemu duhu v nememu dečku, je duh nemudoma zapustil dečka in ta je bil ponovno zdrav: "Nemi in gluhi duh, ukazujem ti: Pojdi iz njega in ne vstopi več vanj!" (25. vrstica).

Verjemite, da kadar Bog deluje, vam nobena bolezen ali slabotnost ne bo delala težav ali vas ogrožala. Zato tudi Jeremija 32:27 pravi: "Glej, Jaz sem GOSPOD, Bog vsega mesa. Ali je kaj pretežko Zame?" Psalmi 100:3 nas spodbujajo: "Spoznajte, da je GOSPOD Bog: On nas je naredil in mi smo Njegovi, Njegovo ljudstvo, čreda Njegove paše." In Psalmi 94:9 nas opominjajo: "Ta, ki je zasadil uho, da bi ne slišal? Ta, ki je ustvaril oko, da bi ne videl?" Ko iz vsega srca verujemo v vsemogočnega Očeta Boga, ki je oblikoval naša ušesa in oči, takrat je vse mogoče. Prav zato je bilo vse mogoče tudi za Jezusa, ki je prišel na to zemljo v mesu. Kot pravi 7. poglavje evangelija po Marku, ko je Jezus ozdravil gluhonemega, so se temu odprla ušesa, razvezala se je vez njegovega jezika in je pravilno govoril.

Če ne le verujemo v Jezusa Kristusa, ampak hkrati s trdno vero prosimo za Božjo moč, se bodo tudi danes razodevala enaka dela, kakršna so zabeležena v Svetem pismu. Pismo Hebrejcem 13:8 nas uči: "Jezus Kristus je isti, včeraj in danes in na veke." In pismo Efežanom 4:13 nas opominja: "... dokler vsi ne pridemo do edinosti vere in do spoznanja Božjega Sina, do popolnega človeka, do mere doraslosti Kristusove polnosti."

Vendar, propadanja telesnih delov, gluhosti in nemosti, kot rezultat smrti živčnih celic, ni moč ozdraviti z darom ozdravljanja. Šele ko človek, ki je dosegel polno mero polnosti Jezusa Kristusa, prejme moč in oblast od Boga ter moli skladno z Božjo voljo, šele takrat bo nastopilo ozdravljenje.

Primeri Božjega ozdravljanja gluhosti v Manminu

Osebno sem bil priča številnim primerom, v katerih je bila

Petje hvalnice ljudi,
ki so bili ozdravljeni gluhosti

"Z življenji,
ki Si nam jih dal,
bomo hodili na zemlji
v hrepenenju po Tebi.

Moja duša, ki je bleščeča kakor kristal,
prihaja k Tebi."

Diakonica Napshim Park slavi Boga, potem ko je bila po 55-ih letih ozdravljena gluhosti ozdravljena bradyacusia, in številni ljudje, ki so bili gluhi od rojstva, so prvič v življenju slišali. Še posebej se spominjam dveh posameznikov, ki sta slišala prvič v življenju po petinpetdesetih oziroma sedeminpetdesetih letih.

Septembra 2000, ko sem vodil molitveni festival za ozdravljenje v Nagoyji, Japonska, je bilo ozdravljenih trinajst ljudi s slušno okvaro, in to v trenutku, ko so prejeli mojo molitev. Ta novica je dosegla ogromno ljudi z okvaro sluha v Koreji, zato so se mnogi udeležili devetega dvotedenskega obnovitvenega srečanja maja leta 2001, kjer so prejeli ozdravljenje in močno proslavili Boga.

Med njimi je bila triintridesetletna ženska, ki je ostala gluhonema po nesreči pri svojih osmih letih. Malo pred srečanjem je postala članica naše cerkve in zdaj je bila pripravljena prejeti odgovore. Udeležila se je dnevnega "Danielovega molitvenega srečanja" in si z mislimi na svoje grehe pretrgala svoje srce. Tako se je v goreči želji pripravila in se udeležila obnovitvenega srečanja. Proti koncu srečanja, ko sem položil roke na gluhoneme in molil zanje, sicer ni začutila nobene takojšnje spremembe. Pa vendar ni bila razočarana. Z radostjo in hvaležnostjo je spremljala pričevanja tistih, ki so prejeli ozdravljenje, in pridobila še toliko bolj iskreno vero, da bo tudi sama nekoč ozdravljena. Bog je to smatral za vero in kmalu po koncu srečanja ozdravil to žensko. Osebno sem večkrat videl delovanje Božje moči tudi po koncu srečanj. Naposled je preiskava sluha potrdila, da je ženska doživela popolno ozdravljenje. Aleluja!

Ozdravljenje prirojene gluhosti

Manifestacije Božje moči so se iz leta v leto stopnjevale. Na molitvenem srečanju za ozdravljenje v Hondurasu leta 2002 je veliko nemih in gluhih ljudi spregovorilo oziroma pridobilo sluh. Ko je ozdravljenje prejela gluha hčerka od vodje tamkajšnjega varnostnega osebja, je bila izredno navdušena in neskončno hvaležna.

Eno uho osemletne Madeline Yaimin Bartres se skozi leta ni pravilno razvijalo in je postopoma izgubila sluh. Ko je slišala za srečanje, je Madeline prosila očeta, da bi jo pripeljal s seboj. Prejela je obilno milost v času slavljenja in ko sem molil za vse bolne, je začela jasno slišati. Ker je njen oče marljivo garal za srečanje, je Bog na tak način blagoslovil njegovega otroka.

Na molitvenem festivalu za ozdravljenje v Indiji leta 2002 je Jennifer odvrgla slušni aparat

Četudi nismo uspeli dokumentirati vseh številnih pričevanj med in po koncu festivala v Indiji, smo vendarle s peščico izbranih pričevanj izrazili veliko zahvalo in slavo Bogu. Med temi primeri se skriva zgodba o deklici z imenom Jennifer, ki je bila gluhonema od rojstva. Zdravnik ji je predlagal nositi slušni aparat, ki je nekoliko izboljšal njen sluh, a ta nikoli ni bil popoln.

Njena mati je vsak dan molila za hčerino ozdravljenje in skupaj sta se udeležili festivala. Mati in hči sta sedeli v bližini enega od velikih zvočnikov, saj glasen zvok ni povzročal težav Jennifer in je tako razločno slišala. Toda na zadnji dan festivala, ko se je zbrala največja množica, nista uspeli najti sedežev blizu

Jennifer pri pregledu zdravnika, potem ko je bila ozdravljena prirojene gluhosti

CHURCH OF SOUTH INDIA
MADRAS DIOCESE
C. S. I. KALYANI MULTI SPECIALITY HOSPITAL
15, Dr. Radhakrishnan Salai, Chennai-600 004. (South India)

Phone: 857 11 01
859 23 08

Ref. No. .... Date: 15/10/02

To whom it may concern

Miss Jennifer aged 5 yrs has been examined by me at CSI Kalyani Hospital for her hearing.

After interacting with the child and observing her and after examining the child, I have come to the conclusion that Jennifer has definitely good hearing improvement now than before she was prayed for. Her mother's observation of her child is far more important and the mother has definitely noticed marked improvement in her child's hearing ability. Jennifer hears much better without the hearing aid and responding to her name being called when as previously she was not without the aid.

Audiogram results - Hearing loss - Moderate to severe sensori-neural hearing loss i/c 50% - 70% hearing loss.

Medical Officer,
C. S. I. KALYANI GENERAL HOSPITAL

zvočnika. Sledilo je nekaj resnično neverjetnega. V trenutku, ko sem končal molitev za bolne s prižnice, je Jennifer šepetaje dejala materi, da je zvok preglasen in jo prosila, naj ji odstrani slušni aparat. Aleluja!

Sodeč po medicinskih zapisih se Jennifer pred ozdravljenjem ni odzivala na nobeno zvočno stimulacijo, v kolikor ni nosila slušnega aparata. Povedano drugače, Jennifer je bila popolnoma gluha, po molitvi pa se je naenkrat obnovilo med 30 % in 50 % njenega sluha. Zdravniško poročilo, ki sledi, je zapisala njena otorinolaringologinja Christina:

Da bi lahko ocenila Jenniferine slušne sposobnosti, sem jo pregledala v specialistični bolnišnici C.S.I. Kalyani. Po pogovoru z Jennifer in temeljitem pregledu sem zaključila, da je po molitvi prišlo do izjemnega izboljšanja njenega sluha. Tudi mnenje Jenniferine matere je relevantno, saj je tudi ona prišla do enake ugotovitve. Jenniferin sluh se je zagotovo in drastično izboljšal. Danes Jennifer sliši brez slušnega aparata in se lepo odziva, ko jo ljudje pokličejo po imenu. Pred molitvijo temu ni bilo tako in se je odzivala le ob pomoči slušnega aparata.

Tisti, ki vzgojijo svoja srca v veri, bodo zagotovo deležni manifestacije Božje moči. Veliko je primerov, ko se bolnikom iz dneva v dan izboljšuje stanje, dokler le vodijo zvesta življenja v Kristusu.

Bog pogosto ne blagoslavlja s takojšnjim popolnim ozdravljenjem tistih, ki so gluhi od majhnih nog. Če bi dobro slišali od trenutka ozdravljenja, bi težko kar naenkrat prenašali ves hrup. Ko ljudje izgubijo sluh v odraslosti, jih Bog lahko v trenutku povsem ozdravi, saj ne bodo potrebovali veliko časa za prilagajanje. V takšnih primerih so ljudje morda sprva nekoliko zmedeni, a že po dnevu ali dveh povsem mirni in navajeni na svojo sposobnost poslušanja.

Aprila 2003, med potovanjem v Dubaju v Združenih arabskih emiratih, sem srečal dvaintridesetletno žensko, ki je izgubila možnost govora zaradi možganskega meningitisa pri svojem drugem letu starosti. Takoj, ko je prejela mojo molitev, je ženska zelo jasno dejala: "Hvala lepa!" To njeno opombo sem vzel zgolj kot izraz hvaležnosti, a so mi kasneje njeni starši sporočili, da so minila že tri desetletja, odkar je hčerka nazadnje izgovorila besede "hvala lepa!".

Kako doživeti moč, ki omogoča nemim govoriti in gluhim slišati?

V Marku 7:33-35 piše naslednje:

Vzel ga je k sebi, stran od množice, mu položil prste v ušesa, pljunil in se dotaknil njegovega jezika. Ozrl se je proti nebu, zavzdihnil in mu rekel: 'Efatá!' to je 'Odpri se!' In takoj so se mu odprla ušesa, razvezala se je vez njegovega jezika in je pravilno govoril.

"Efatá" tukaj pomeni "odpri se" v hebrejščini. Ko je Jezus zapovedal s Svojim prvotnim glasom stvarjenja, so se možakarju odprla ušesa in razvezal se je njegov jezik.

A zakaj je potem Jezus položil Svoje prste v njegova ušesa, preden je rekel "Efatá"? Pismo Rimljanom 10:17 pravi: "Potemtakem je vera iz oznanjevanja, oznanjevanje pa je po Kristusovi besedi." Ker je bil možakar gluh, je bilo zanj izredno težko verovati. Povrh tega možakar ni sam prišel pred Jezusa, da bi prejel ozdravljenje, temveč so ga k Jezusu pripeljali drugi. Ko je položil Svoje prste v njegova ušesa, je Jezus pomagal možakarju pridobiti vero skozi Njegove prste.

Šele ko razumemo duhovni pomen tega prizora, v katerem Jezus izkaže Božjo moč, bomo lahko tudi sami doživeli Njegovo moč. Kakšne specifične korake moramo storiti za dosego tega cilja?

Prvič - da bi prejeli ozdravljenje, moramo najprej vzgojiti vero.

Četudi gre za majhno količino, človek mora posedovati vero, če želi biti ozdravljen. A za razliko od Jezusovih časov in zaradi napredka civilizacije nam je danes na voljo veliko sredstev, vključno z znakovnim jezikom, s katerimi se lahko tudi ljudje z okvaro sluha seznanijo z evangelijem. Pred nekaj leti smo v Manminu začeli simultano prevajati vsa bogoslužja v znakovnem jeziku. Tudi bogoslužja iz preteklosti nenehno posodabljamo v znakovnem jeziku na naši spletni strani.

Povrh tega lahko danes na številne druge načine, vključno s

knjigami, časopisi, revijami ter audio in video kasetami, pridobite in ohranjate vero, če le tako želite. In ko enkrat dosežete vero, takrat boste doživeli Božjo moč. Ravno s tem namenom sem vam opisal vsa ta pričevanja, da bi vam pomagal pridobiti vero.

Drugič - prejeti moramo odpuščanje.

Čemu je Jezus pljunil in se dotaknil možakarjevega jezika, potem ko je položil Svoje prste v njegova ušesa? V duhovnem smislu to simbolizira krst z vodo, kar je bilo potrebno, da bi bili možakarju odpuščeni grehi. Krst z vodo pomeni, da smo z Božjo vodo, ki je kakor kristalno čista voda, očiščeni vseh naših grehov. Da bi doživeli Božjo moč, moramo najprej razrešiti težavo z grehom. Namesto da bi z vodo očistil možakarjevo nečistost, je Jezus to storil s Svojo slino, kar simbolizira odpuščanje za tega možakarja. Izaija 59:1-2 nas uči: "Glejte, GOSPODOVA roka ni prekratka, da bi ne mogel odrešiti, in Njegovo uho ni gluho, da bi ne mogel slišati. Pač pa so vaše krivde postale pregrade med vami in vašim Bogom, vaši grehi so zagrnili Njegovo obličje pred vami, da ne sliši."

V 2. Kroniški knjigi 7:14 nam Bog obljublja: "... pa se bo Moje ljudstvo, ki kliče nase Moje ime, ponižalo, molilo in iskalo Moje obličje ter se odvrnilo od svojih hudobnih poti, Bom prisluhnil iz nebes, jim odpustil greh in ozdravil njihovo deželo." Da bi nas Bog uslišal, se moramo potemtakem z vero ozreti vase, pretrgati svoje srce ter se pokesati.

Česa se moramo pokesati pred Bogom?

Kot prvo se morate pokesati, ker niste verovali v Boga in sprejeli Jezusa Kristusa. V Janezu 16:9 nam Jezus sporoča, da bo Sveti Duh ovrgel svet glede greha, pravičnosti in sodbe, ker človek ne veruje Vanj. Zavedati se morate, da nesprejetje Gospoda predstavlja greh, in potemtakem morate verovati v Gospoda in Boga.

Kot drugo se morate pokesati, če niste ljubili svojih bratov. 1

Janez 4:11 pravi: "Ljubi, če nas je Bog tako vzljubil, smo se tudi mi dolžni ljubiti med seboj." Če vas brat sovraži, mu ne smete vračati sovražnosti, temveč morati biti strpni in mu odpuščati. Prav tako morate ljubiti vašega sovražnika, se zavzemati zanj in vselej postavljati sebe v njegove čevlje. Ko boste tako vzljubili vse ljudi, vam bo tudi Bog izkazal sočutje, usmiljenje in vas blagoslovil z ozdravljenjem.

Kot tretje se morate pokesati, če ste kdaj molili za lastne interese. Bog se ne navdušuje nad tistimi, ki molijo s sebičnimi motivi. Takrat vas Bog ne bo uslišal. Odslej morate vedno moliti skladno z voljo Boga.

Kot četrto se morate pokesati, če ste kdaj molili v dvomih. Jakob 1:6-7 pravi: "Prosi pa naj v veri, ne da bi kaj dvomil; kdor dvomi, je namreč podoben morskemu valu, ki ga veter dviga in premetava. Tak človek naj ne misli, da bo kaj prejel od Gospoda." Kadar molimo, moramo temu primerno moliti z vero in ugajati Bogu. Pismo Hebrejcem 11:6 nas opominja: "Brez vere namreč ne moremo biti Bogu všeč." Zato odvrzite vse dvome in prosite izključno samo v veri.

Kot peto se morate pokesati, če niste bili poslušni na Božje zapovedi. V Janezu 14:21 nam Jezus pravi: "Kdor ima Moje zapovedi in se jih drži, ta Me ljubi; kdor pa Me ljubi, tega bo ljubil Moj Oče, in tudi Jaz ga bom ljubil in se mu razodel." Kadar dokazujete svojo ljubezen do Boga z izpolnjevanjem Njegovih zapovedi, takrat vas bo Bog uslišal. Verniki so sem ter tja udeleženi v prometnih nesrečah. Temu je tako, ker jih večina ni posvečevala Gospodovega dne oziroma niso darovali cerkvenih desetin. In ker se niso držali najbolj temeljnih pravil krščanstva - desetih Božjih zapovedi - niso bili postavljeni pod Božjo zaščito. Seveda tudi med tistimi, ki zvesto izpolnjujejo Njegove zapovedi, nekateri povzročijo prometne nesreče po svojih lastnih napakah. Vendar ti ljudje so pod zaščito Boga, zato ostanejo nepoškodovani tudi v popolnoma uničenem vozilu, saj jih Bog ljubi in jim tako dokazuje Svojo ljubezen.

Tudi ljudje, ki prej niso poznali Boga, pogosto hitro prejmejo ozdravljenje po molitvi. Razlog za to se skriva v dejstvu, da že sam njihov prihod v cerkev predstavlja delo vere, zato Bog deluje znotraj njih. Po drugi strani pa pri ljudeh, ki imajo vero in poznajo resnico, a še naprej kršijo Božje zapovedi in ne živijo po Njegovi besedi, to preraste v zid med njimi in Bogom, zato niso deležni ozdravljenja. Razlog, zakaj Bog izrazito deluje med neverniki na mojih velikih srečanjih za ozdravljenje v tujini, se skriva v dejstvu, da ko ti malikovalci slišijo novico in se udeležijo srečanja, se to dejanje kot takšno smatra za vero v Božjih očeh.

Kot šesto se morate pokesati, če niste sejali. Pismo Galačanom 6:7 nam pravi: "Kar bo človek sejal, bo tudi žel." Če želite doživeti Božjo moč, se morate najprej marljivo udeleževati bogoslužja. Vedite, da kadar sejete z vašim telesom, boste prejeli blagoslove zdravja, in kadar sejete z vašim bogastvom, boste prejeli blagoslove bogastva. Potemtakem, če ste želeli žeti brez sejanja, se morate za to pokesati.

1 Janez 1:7 pravi: "Če pa hodimo v luči, kakor je v luči On sam, smo med seboj v občestvu in kri Njegovega Sina Jezusa nas očiščuje vsakega greha." Povrh tega nam v 1 Janezu 1:9 Bog

obljublja: "Če pa svoje grehe priznavamo, nam jih bo odpustil in nas očistil vse krivičnosti, saj je zvest in pravičen." Zato poskrbite, da se boste ozirali vase, se kesali in hodili v luči.

V imenu našega Gospoda Jezusa Kristusa molim, da bi bili deležni Božjega usmiljenja, da bi vam bilo vse uslišano in bi po Njegovi moči prejeli ne le blagoslove zdravja, temveč blagoslove na vseh področjih in vidikih vsakdanjega življenja.

9. sporočilo
Neizčrpna Božja previdnost

Devteronomij 26:16-19

*Danes ti GOSPOD, tvoj Bog,
zapoveduje, da izpolnjuj te zakone in odloke;
vestno jih torej izpolnjuj
z vsem srcem in vso dušo!
GOSPODA si danes pripravil k izjavi,
da bo tvoj Bog in da boš hodil po Njegovih poteh
in izpolnjeval Njegove zakone,
zapovedi in odloke
ter poslušal Njegov glas.
In GOSPOD je danes pripravil tebe k izjavi,
da boš ljudstvo Njegove osebne lastnine, kakor ti je
obljubil,
in da boš izpolnjeval vse Njegove zapovedi,
da te postavi visoko v hvali, imenu in sijaju nad vse
narode,
ki jih je naredil,
in da boš sveto ljudstvo GOSPODU,
svojemu Bogu,
kakor je govoril*

Ko morajo opisati najvišjo obliko ljubezni, se večina ljudi odloči za starševsko ljubezen, še zlasti materino ljubezen do svojega dojenčka. A vendar Izaija 49:15 pravi: "Mar pozabi žena svojega otročiča in se ne usmili otroka svojega telesa? A tudi če bi one pozabile, Jaz te ne pozabim." Velika ljubezen Boga je neprimerljiva z materino ljubeznijo do svojega otroka.

Ljubeči Bog si za vse ljudi želi ne le, da bi dosegli odrešenje, temveč hkrati uživali večno življenje, blagoslove in zabavo v veličastnih nebesih. Ravno zato tudi varuje Svoje otroke med preizkušnjami in stiskami ter si želi uslišati vse njihove prošnje. Bog prav tako usmerja vsakogar od nas, da bi vodili blaženo življenje ne le na zemlji, temveč tudi v večnem življenju, ki šele prihaja.

No, pa si skozi moč in prerokbe, ki nam jih je Bog razodel v Njegovi veliki ljubezni, oglejmo Božjo previdnost oz. načrt za Centralno cerkev Manmin.

Ljubeči Bog si želi rešiti vse duše

2 Peter 3:3-4 pravi:

Predvsem pa morate vedeti, da bodo v poslednjih dneh prišli taki, ki se bodo z norčavostjo norčevali iz vsega. Ti bodo živeli po svojih poželenjih in govorili: "Kje je Njegov obljubljeni prihod? Odkar so namreč očetje zaspali, je vse ostalo tako, kakor je bilo od začetka stvarjenja"

Mnogi ljudje ne verjamejo, ko jih poučimo o koncu časa. Ker je sonce vedno vzšlo in zašlo, ker so se ljudje vedno rojevali in umirali, in ker je civilizacija vselej napredovala, ti ljudje samoumevno predpostavljajo, da se bo življenje nadaljevalo brez konca in kraja.

A tako kot ima človeško življenje svoj začetek in konec, tako ima tudi zgodovina človeštva svoj začetek in zagotovo tudi konec. Ko bo Bog izbral pravi trenutek, bo vse v vesolju dočakalo svoj konec. Vsi ljudje, ki so kdajkoli živeli od Adama naprej, bodo deležni svoje sodbe. Vsak bo odšel ali v nebesa ali pekel, skladno s tem, kako je posameznik živel na tej zemlji.

Po eni strani bodo v nebesa odšli ljudje, ki verujejo v Jezusa Kristusa in živijo po Božji besedi. Po drugi strani pa bodo v pekel poslani tisti ljudje, ki ne verujejo niti po tem, ko so bili evangelizirani, in tisti, ki ne živijo po Božji besedi, pač pa v grehu in hudobiji, četudi na glas izpovedujejo vero v Gospoda. Zato si Bog tako močno želi razširiti evangelij po vsem svetu v čim krajšem času, da bi vsaj še ena dodatna duša prejela odrešenje.

Božja moč se širi ob koncu časa

Tukaj leži razlog, zakaj je Bog ustanovil Centralno cerkev Manmin in manifestira Svojo čudovito moč. Skozi manifestacijo Svoje moči si Bog želi razodeti dokaze o obstoju resničnega Boga ter razsvetliti ljudi o realnosti nebes in pekla. V Janezu 4:48 Jezus pravi: "Če ne vidite znamenj in čudežev, ne verujete." In to delovanje moči, ki izpodbija človekovo prepričanje, je še posebej pomembno v času, ko se bohotita greh in hudobija in ko znanje napreduje. Iz tega razloga Bog v poslednjih dneh usmerja Manmin in nas blagoslavlja s čedalje večjo močjo.

In h koncu se približuje tudi vzgoja človeštva, ki jo je Bog začrtal. Dokler ne napoči pravi trenutek, je Božja moč nadvse potrebno sredstvo za odrešitev vseh ljudi, ki imajo možnost prejeti odrešenje. Samo s to močjo je lahko še več ljudi še hitreje popeljano do odrešenja.

Zaradi nenehnega preganjanja in stiske je danes v nekaterih državah sveta izredno težko oznanjevati evangelij, in posledično je na svetu veliko takšnih, ki sploh še niso slišali za evangelij. In tudi med tistimi, ki izpovedujejo vero v Gospoda, je presenetljivo malo takšnih z resnično vero. V Luku 18:8 Jezus vpraša: "Toda ali bo Sin človekov, ko pride, našel vero na zemlji?" Številni ljudje obiskujejo cerkev, pa vendar tako kot posvetni ljudje še naprej živijo v grehu.

Vendar tudi v državah in regijah sveta, kjer poteka kruto preganjanje krščanstva, ko tamkajšnji ljudje enkrat doživijo delovanje Božje moči, v njih zacveti vera, ki se ne boji smrti, in temu sledi ognjeno širjenje evangelija. Ljudem, ki živijo v grehu brez resnične vere, to omogoča zaživeti po Božji besedi, ko iz prve roke izkusijo delovanje moči živega Boga.

Osebno sem bil na misijonih v številnih državah, ki po zakonu prepovedujejo evangelizacijo in oznanjevanje evangelija ter preganjajo cerkev. Obiskal sem države, kot sta Pakistan in Združeni arabski emirati, kjer prevladuje Islam, ter pretežno hindujsko državo Indijo, in lahko vam potrdim, da ko se ljudem pričuje o Kristusu in predstavi dokaze o živem Bogu, takrat se številne duše spreobrnejo in pridobijo odrešenje. Tudi če so častili malike, ko enkrat doživijo delovanje Božje moči, ljudje brez oklevanja sprejmejo Jezusa Kristusa brez strahu pred pravnimi posledicami. To priča o sami razsežnosti Božje moči.

Tako kot poljedelec žanje pridelke ob žetvi, tako Bog seje Svojo čudovito moč, da bi požel vse duše, ki bodo prejele odrešenje v poslednjih dneh.

Znamenja o koncu časa v Svetem pismu

Še same besede Boga v Svetem pismu jasno kažejo na to, da se bližamo koncu časa na zemlji. Bog nam sicer ni razodel točnega časa in datuma konca sveta, a nam je pustil namige, po katerih lahko prepoznamo poslednje dni. Tako kot lahko predvidimo skorajšnji dež, ko se začno zbirati oblaki, tako lahko predvidimo prihod poslednjih dni skozi potek zgodovine.

21. poglavje evangelija po Luku denimo pravi: "Ko boste slišali o vojnah in vstajah, se ne ustrašite, kajti to se mora prej zgoditi, vendar še ne bo takoj konec" (9. vrstica). In 11. vrstica dodaja: "Veliki potresi bodo na mnogih krajih, kužne bolezni in lakota, grozote in velika znamenja z neba."

V 2 Timoteju 3:1-5 lahko preberemo naslednje:

Tole pa vedi, da bodo v poslednjih dneh nastopili hudi časi. Ljudje bodo namreč samoljubni, lakomni, bahavi, prevzetni, preklinjevalci, neposlušni staršem, nehvaležni in nesveti, brez srca, nespravljivi, obrekljivi, brez samoobvladovanja, divji, brez ljubezni do dobrega, izdajalski, predrzni, napihnjeni. Raje bodo imeli naslade kakor Boga, držali se bodo zunanje oblike pobožnosti, zanikali pa njeno moč. Tudi teh se izogiblji.

Po svetu se odvija veliko nesreč in znamenj, in srca in misli ljudi postajajo čedalje hudobnejša. Sleherni teden prejmem časopisni izrezek novic o dogodkih in nesrečah, in ta izrezek se že dlje časa postopoma veča. To pomeni, da danes svet pretresa ogromno število nesreč, katastrof in hudodelstev.

Vendar ljudje danes niso tako dojemljivi do teh nesreč, kot so bili nekoč, saj so redno bombardirani z zgodbami o tovrstnih dogodkih in nesrečah, zato so postali imuni nanje. Večina več ne jemlje resno brutalnih kriminalnih dejanj, velikih vojn, naravnih katastrof ter žrtev tovrstnih grozot in nesreč. Ti dogodki so nekdaj polnili naslovnice medijev, danes pa za večino ljudi niso pomembni in jih hitro pozabijo, razen če pustijo veliko rano oziroma prizadenejo njihove bližnje.

Na način, kako se danes odvija zgodovina, lahko ljudje, ki so prebujeni in ohranjajo jasno komunikacijo z Bogom, v en glas pri sebi potrdijo, da je drugi prihod Gospoda tik pred vrati.

Znamenja konca časa
in Božji načrt za Centralno cerkev Manmin

Skozi Božje prerokbe, ki so bile razkrite v Manminu, lahko potrdimo, da dejansko živimo v poslednjih dneh. Od ustanovitve Manmina do danes je Bog vnaprej napovedal rezultate številnih predsedniških in parlamentarnih volitev, smrti pomembnih in slavnih posameznikov v Koreji in na tujem, in veliko drugih dogodkov, ki so tlakovali zgodovino sveta.

Osebno sem velikokrat razkril tovrstne informacije v tedenskih cerkvenih biltenih. Kadar je šlo za vsebino občutljive narave, pa sem to razkril le določenim posameznikom. V zadnjih letih sem s prižnice občasno razkril razodetja glede Severne Koreje, Združenih držav Amerike, ter o pomembnih dogodkih po svetu.

Večina teh prerokb je bilo izpolnjenih, preostale še neizpolnjene prerokbe pa so vezane na dogodke, ki se trenutno odvijajo oziroma šele prihajajo. Pri vsem tem pa izstopa dejstvo, da je večina prerokb o doslej še neizpolnjenih dogodkih vezana na poslednje dni. No, pa si v nadaljevanju oglejmo nekaj teh prerokb, med njimi tudi prerokbo o Božji previdnosti oz. načrtu za Centralno cerkev Manmin.

Prva prerokba govori o odnosih med Severno in Južno Korejo

Od ustanovitve cerkve Manmin nam je Bog razodel veliko stvari o Severni Koreji. Razlog je ta, ker smo poklicani, da v poslednjih dneh evangeliziramo severne Korejce. Leta 1983 nas je Bog opozoril na prihajajoče srečanje med voditeljema Severne in Južne Koreje in na posledice tega srečanja. Kmalu po srečanju naj bi Severna Koreja začasno odprla svoja vrata svetu, a naj bi jih kmalu ponovno zaprla. Bog nam je razkril, da ko Severna Koreja odpre svoja vrata, bosta v državo vstopila evangelij svetosti in Božja moč, in sledila bo evangelizacija. Bog nam je naročil pomniti, da bo drugi prihod Gospoda izredno blizu, ko se Severna in Južna Koreja izrazita na določen način. Osebno mi je Bog tudi razodel, kako se bosta obe Koreji "izrazili na določen način", a moram to zaenkrat ohraniti kot skrivnost. Kot se vas večina zaveda, se je srečanje med voditelji obeh Korej zgodilo leta 2000. In čutiti je, da bo Severna Koreja podlegla mednarodnim pritiskom in kmalu odprla svoja vrata.

Druga prerokba govori o poklicu za svetovno poslanstvo

Bog je za Manmin načrtoval številne shode v tujini, na katerih se je zbralo več deset tisoč, več sto tisoč, in več milijonov ljudi, ter nas je blagoslovil, da smo lahko hitro evangelizirali svet z Njegovo čudovito močjo. Med te shode spadajo srečanje svetega evangelija v Ugandi, ki ga je prenašal tudi CNN; srečanje za ozdravljenje v Pakistanu, ki je pretreslo islamski svet in odprlo vrata za misijonsko delo na Bližnjem vzhodu; srečanje svetega evangelija v Keniji, na katerem so bile ozdravljene številne bolezni, vključno z AIDSom; veliko srečanje za ozdravljenje na Filipinih, kjer se je Božja moč manifestirala na eksploziven način; srečanje za čudežno ozdravljenje v Hondurasu, ki je priklicalo orkan Svetega Duha; ter štiridnevni molitveni festival za ozdravljenje v največji hindujski državi Indiji, kjer se je zbralo tri milijone ljudi. Vsa ta srečanja so služila kot odskočna deska, preko katere bi Manmin vstopil v Izrael, svojo končno destinacijo.

Bog je v Svojem velikem načrtu vzgoje človeštva ustvaril Adama in Evo, in ko je človeštvo stopilo na zemljo, so se ljudje hitro namnožili. Med številnimi ljudstvi je Bog izbral eno deželo, Izrael, potomce Jakoba. Skozi zgodovino Izraela je Bog želel razodeti Svojo slavo in previdnost vzgoje človeštva ne le Izraelcem, temveč vsem ljudem po svetu. Izraelci so služili kot vzorec pri vzgoji človeštva, medtem ko zgodovina Izraela, nad katero vlada Bog Sam, ne predstavlja le zgodovine ene dežele, temveč predstavlja sporočilo za vso človeštvo. Povrh tega je Bog — preden je zaključil vzgojo človeštva, ki se je začela z Adamom — izrazil Svojo voljo, da naj se evangelij vrne v Izrael, od koder tudi izvira. Vendar danes je čedalje težje organizirati krščanska srečanja in širiti evangelij v Izraelu. Izrael je potreben manifestacije Božje moči, ki je sposobna pretresati nebesa in zemljo, in prav Manmin je poklican za izpolnitev tega dela božje previdnosti v poslednjih dneh.

Po Jezusu Kristusu je Bog uresničil previdnost oz. načrt odrešitve človeštva ter omogočil prejeti večno življenje vsakomur, ki sprejema Jezusa kot svojega Odrešenika. Medtem pa Božji izbranci Izraelci niso priznali Jezusa kot Mesijo, in povrh tega Izraelci vse do zadnjega trenutka, ko bodo Njegovi otroci vzeti v nebo, ne bodo razumeli previdnosti odrešenja preko Jezusa Kristusa.

Bog si želi, da bi se Izraelci v poslednjih dneh pokesali, sprejeli Jezusa za svojega Odrešenika in dosegli odrešenje. Ravno zato je Bog dovolil, da evangelij svetosti vstopi in se širi po Izraelu s pomočjo plemenitega poslanstva, ki ga je dodelil Manminu. S tem, ko je bil v aprilu 2003 izdelan ključni temeljni kamen za misijonarsko delo na Bližnjem Vzhodu, bo skladno z Božjo voljo Manmin izpeljal točno določene priprave za Izrael ter izpolnil Božjo previdnost.

Tretja prerokba govori o izgradnji mogočnega svetišča

Kmalu po ustanovitvi Manmina, ko je Bog razodel Svojo previdnost o poslednjih dneh, nam je Bog dodelil poslanstvo za izgradnjo mogočnega svetišča, ki bo razodelo Božjo slavo vsem ljudem sveta.

V času Stare zaveze je bilo možno prejeti odrešenje skozi dejanja. Četudi greh v posameznikovem srcu ni bil izkoreninjen, dokler ta greh ni bil zagrešen navzven, je vsakdo lahko bil rešen.

Tempelj iz časov Stare zaveze je bil tempelj, v katerem so ljudje častili Boga izključno skozi dejanja, kot je velevala postava.

Toda v času Nove zaveze je prišel Jezus in izpolnil postavo z ljubeznijo, zato smo po naši veri v Jezusa Kristusa prejeli odrešenje. Božji tempelj, kakršnega si Bog želi videti v času Nove zaveze, tako ne bo zgrajen le z dejanji, temveč tudi s srcem. Ta tempelj bo zgrajen s strani pravih Božjih otrok, ki so izkoreninili greh in bodo to storili s posvečenim srcem in ljubeznijo do

Njega. Zato je Bog dovolil uničenje templja iz časov Stare zaveze in izrazil voljo za izgradnjo novega templja z resničnim duhovnim pomenom.

Ljudje, ki naj bi postavili mogočno svetišče, morajo potemtakem biti dragoceni v očeh Boga. Biti morajo Božji otroci, z obrezanimi srci, ki imajo sveta in čista srca, napolnjena z vero, upanjem in ljubeznijo. Ko bo Bog videl mogočno svetišče, zgrajeno s strani Njegovih posvečenih otrok, mu ne bo v uteho zgolj sama podoba zgradbe, temveč se bo spominjal procesa, skozi katerega je bilo zgrajeno mogočno svetišče, in spominjal se bo slehernega Svojega pravega otroka, ki so sadovi Njegovih solza, žrtvovanja in potrpežljivosti.

Mogočno svetišče nosi velik pomen. Služilo bo kot spomenik vzgoje človeštva, kot tudi simbol utehe za Boga, potem ko je požel dobre sadove. Zgrajeno bo v poslednjih dneh zato, ker gre za velik gradbeni projekt, ki bo razodel Božjo slavo vsem ljudem sveta. S svojimi 600 metri premera in 70 metri višine bo mogočno svetišče velikanska zgradba, zgrajena iz vseh različnih

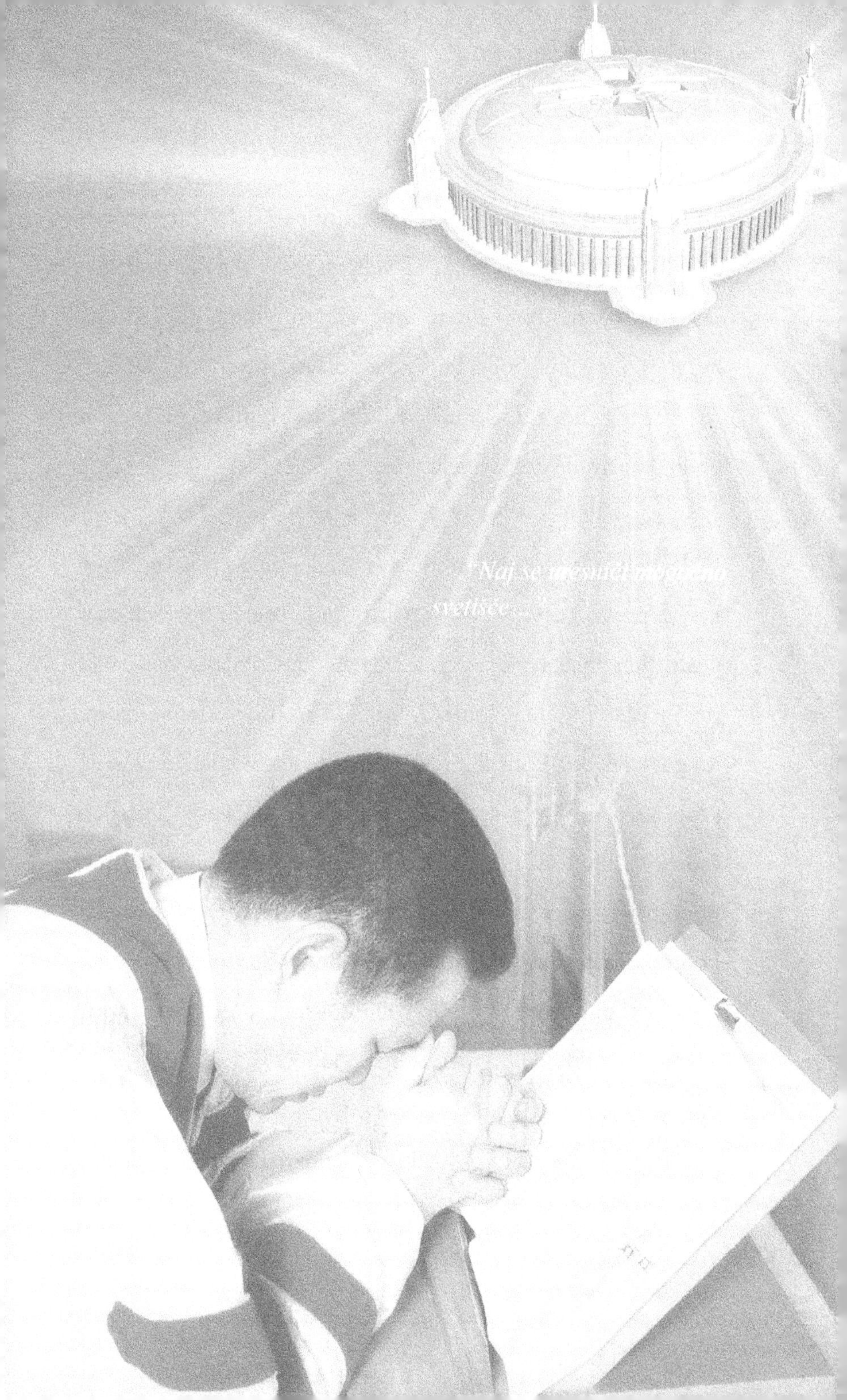

"Naj se uresniči tvoje veliko svetišče..."

oblik čudovitih, redkih in dragocenih materialov, in vsak del zgradbe in okrasja bo izžareval veličastvo Novega Jeruzalema, šest dni stvarjenja in Božjo moč. Že ob samem pogledu na mogočno svetišče bodo ljudje začutili neizmerno veličino in veličastnost Boga. Celo neverniki bodo osupli ob prizoru in bodo priznavali Njegovo veličastvo.

Izgradnja mogočnega svetišča prav tako predstavlja izgradnjo barke, preko katere bodo številni ljudje prejeli odrešenje. V poslednjih dneh, ko se bosta širila greh in hudobija — kot je bilo tudi v času Noeta — in ko ljudje, ki so bili vodeni s strani dragocenih Božji otrok, obiščejo mogočno svetišče in izrazijo svojo vero Vanj, bodo vsi ti ljudje prejeli odrešenje. Tedaj bo čedalje več ljudi slišalo novice o Božjem veličastvu in moči, zato bodo prišli, da bi se prepričali na lastne oči. In ko pridejo, jim bodo predstavljeni številni dokazi o Bogu. Spoznali bodo tudi skrivnosti duhovnega sveta in voljo Boga, ki si želi požeti prave otroke, ki odsevajo Njegovo lastno podobo.

Mogočno svetišče bo služilo kot jedro zaključne faze širitve evangelija po vsem svetu tik pred drugim prihodom našega Gospoda. Bog je Manminu razodel, da ko nastopi čas za začetek gradnje mogočnega svetišča, bo Sam vzpodbudil kralje ter premožne in vplivne posameznike, da bodo pomagali pri izgradnji.

Bog nam že vse od ustanovitve razodeva prerokbe o poslednjih dneh in Njegove načrte za Centralno cerkev Manmin. Bog še danes manifestira Svojo čedalje večjo moč in izpolnjuje Svojo besedo. Skozi zgodovino naše cerkve je Bog Sam usmerjal Manmin z namenom, da bi izpolnil Svojo previdnost. Še več, Bog nas bo vodil vse do vrnitve Gospoda, da bi izpolnili vse naloge, ki nam jih je naložil, in pred vsem svetom razkrili veličastvo in slavo Gospoda.

V Janezu 14:11 nam Jezus pravi: "Verujte Mi, da sem Jaz v Očetu in Oče v Meni; če pa tega ne verujete, verujte zaradi del samih." Devteronomij 18:22 pravi: "Kadar prerok govori v GOSPODOVEM imenu, pa se beseda ne zgodi in ne izpolni, je to beseda, ki je GOSPOD ni povedal. V predrznosti jo je govoril prerok; nikar se ga ne boj!" Iskreno upam, da boste dojeli Božjo previdnost skozi moč in prerokbe, ki se razodevajo v Centralni cerkvi Manmin.

Pri uresničevanju Svoje previdnosti v poslednjih dneh nam Bog v Centralni cerkvi Manmin ni kar čez noč dodelil tolikšnega razcveta in vpliva. Pravzaprav nas je uril polnih dvajset let. Kakor plezanje po strmi gori in plutje čez velikanske valove razburkanega morja nas je Bog vodil čez preizkušnje, in preko ljudi, ki so s trdno vero premagali te preizkušnje, je Bog pripravil posodo za dosego svetovnega poslanstva.

To se nanaša tudi na vse vas. Vera, s katero lahko posameznik doseže Novi Jeruzalem, se ne razvije oz. zraste čez noč, in vedno morate biti budni in pripravljeni na dan, ko se vrne naš Gospod. Predvsem pa morate porušiti zidove greha ter z neomajno in strastno vero teči proti nebesom. Ko korakate naprej s tovrstno neomajno odločnostjo, bo Bog nedvomno blagoslovil vašo dušo in uresničil poželenja vašega srca. Povrh tega vas bo Bog blagoslovil z duhovno sposobnostjo in oblastjo, da boste lahko uporabljeni kot Njegova dragocena posoda za namene Njegove previdnosti v poslednjih dneh.

V imenu Gospoda Jezusa Kristusa molim, da bi se vsi vi trdno oklepali goreče vere vse do vrnitve Gospoda in se ponovno srečamo v večnih nebesih in v mestu Novi Jeruzalem.

Avtor
Dr. Jaerock Lee

Dr. Jaerock Lee se je rodil leta 1943 v Muanu, provinci Jeonnam, v Republiki Koreji. V svojih dvajsetih letih je polnih sedem let trpel za celo vrsto neozdravljivih bolezni in samo še čakal na smrt, brez slehernega upanja po okrevanju. Nato pa je nekega dne, spomladi leta 1974, na sestrino prošnjo obiskal cerkev in ko je pokleknil, da bi molil, ga je živi Bog v trenutku ozdravil vseh bolezni.

Vse odkar je dr. Lee skozi to čudovito izkušnjo srečal živega Boga, Ga je ljubil z vsem svojim srcem in iskrenostjo, zato je bil leta 1978 tudi poklican za Njegovega služabnika. Goreče je molil in opravil nešteto molitvenih postov, da bi razumel in v celoti izpolnjeval Božjo voljo ter sledil Božji besedi. Leta 1982 je v Seulu ustanovil centralno cerkev Manmin, v kateri se je do danes odvilo nešteto Božjih del, vključno s čudežnimi ozdravljenji, znamenji in drugimi čudeži.

Leta 1986 je bil dr. Lee posvečen za pastorja in štiri leta kasneje, leta 1990, so začeli na radiu v živo prenašati njegove pridige, in sicer v Avstraliji, Rusiji, na Filipinih in kmalu zatem tudi drugod po svetu.

Tri leta kasneje, leta 1993, je revija Christian World centralno cerkev Manmin označila za eno od petdesetih najvplivnejših cerkva na svetu, dr. Lee pa je od krščanske univerze na Floridi (ZDA) prejel častni doktorat božanskosti, leta 1996 pa nato še doktorat na teološkem semenišču v Iowi (ZDA).

Od leta 1993 je dr. Lee na čelu gibanja za svetovno evangelizacijo in je uspešno izpeljal številne kampanje v Tanzaniji, Argentini, Los Angelesu, Baltimoru, na Havajih, New Yorku, Ugandi, na Japonskem, Pakistanu, Keniji, na Filipinih, Hondurasu, Indiji, Rusiji, Nemčiji, Peruju, Demokratični republiki Kongo, Izraelu in Estoniji.

Zavoljo njegovega vplivnega delovanja po vsem svetu ga je leta 2002 eden največjih korejskih časopisov opisal kot "svetovno znanega revivalista". Še posebej zavoljo njegovega newyorškega shoda iz leta 2006, ki je potekal v

Madison Square Gardnu in ga je v živo prenašalo 220 držav; ter jeruzalemskega shoda iz leta 2009, kjer je Jezusa Kristusa drzno razglasil za Mesijo in Odrešenika.

Njegove pridige se danes preko satelitov prenaša v 176 državah in v letih 2009/10 sta ga tiskovna agencija Christian Telegraph in priljubljena ruska krščanska revija In Victory imenovali za enega od desetih najvplivnejših krščanskih voditeljev.

Marca 2015 Centralna cerkev Manmin šteje že več kot 120.000 članov in 10.000 podružničnih cerkva po vsem svetu, vključno s 57 domačimi podružničnimi cerkvami. Poleg tega je bilo poslanih že več kot 123 misijonarjev v 23 držav, vključno z Združenimi državami Amerike, Rusijo, Nemčijo, Kanado, Japonsko, Kitajsko, Francijo, Indijo, Kenijo in še mnogimi drugimi.

Do datuma izdaje te knjige je dr. Lee napisal že 92 knjig, med njimi tudi uspešnice Pokušanje večnega življenja pred smrtjo; Moje življenje-moja vera, 1. in 2. knjiga; Sporočilo križa; Mera vere; Nebesa, 1. in 2. knjiga; Pekel; Prebudi se, Izrael; ter Božja moč. Njegova dela so prevedena v več kot 76 jezikov.

Njegove članke najdemo v časopisih Hankook Ilbo, JoongAng, Chosun Ilbo, Dong-A Ilbo, Munhwa Ilbo, Seul Shinmun, Kyunghyang Shinmun, Koreja Herald, Sisa ter Christian Press.

Dr. Lee je danes na čelu številnih misijonarskih organizacij in zvez. Med drugim je predsednik Združene cerkve svetosti, predsednik Svetovnega poslanstva Manmin, stalni predsednik zveze Krščanskega sveta, ustanovitelj in predsednik odbora Globalne krščanske mreže, ustanovitelj in predsednik mreže Krščanskih zdravnikov, ter ustanovitelj in predsednik Mednarodnega semenišča Manmin.

Druge zanimive knjige istega avtorja

Nebesa I & II

Podroben oris čudovitega bivališča, v katerem uživajo nebeški prebivalci, ter prelep opis različnih nivojev nebeškega kraljestva.

Sedem Cerkva

Iskrena Gospodova sporočila za prebujenje vernikov in cerkva iz duhovnega spanja, ki so bila poslana sedmim cerkvam, kot je to zabeleženo v drugem in tretjem poglavju Razodetja.

Pekel

Iskreno sporočilo vsemu človeštvu od Boga, ki si želi, da ne bi niti ena sama duša padla v globine pekla. Odkrili boste doslej še nerazkrito pripoved o kruti realnosti spodnjih krajev zemlje in pekla.

Duh, Duša in Telo I & II

Vodnik, ki bralcu ponuja duhovno razumevanje duha, duše in telesa, ter mu pomaga poiskati njegov 'jaz', da bo lahko pridobil moč, s katero bo premagal temo in postal duhovna oseba.

www.urimbooks.com

www.ingramcontent.com/pod-product-compliance
Lightning Source LLC
LaVergne TN
LVHW021812060526
838201LV00058B/3346